城市轨道交通"英"系列技能教材

城市轨道交通电客车司机

CHENGSHI GUIDAO JIAOTONG DIANKECHE SIJI

主编 王占生 崔建荣
参编 万 霄 默荣欣 龚 晨 徐 野

苏州大学出版社
Soochow University Press

图书在版编目(CIP)数据

城市轨道交通电客车司机 / 王占生,崔建荣主编. --苏州:苏州大学出版社,2023.7(2025.4重印)
城市轨道交通"英"系列技能教材
ISBN 978-7-5672-4347-7

Ⅰ.①城… Ⅱ.①王… ②崔… Ⅲ.①城市铁路-轨道交通-职业培训-教材 Ⅳ.①U239.5

中国国家版本馆 CIP 数据核字(2023)第 119470 号

书　　名:	城市轨道交通电客车司机
主　　编:	王占生　崔建荣
责任编辑:	管兆宁
装帧设计:	刘　俊
出版发行:	苏州大学出版社(Soochow University Press)
社　　址:	苏州市十梓街1号　邮编:215006
印　　装:	苏州市古得堡数码印刷有限公司
网　　址:	http://www.sudapress.com
邮购热线:	0512-67480030
销售热线:	0512-67481020
开　　本:	787 mm×1 092 mm　1/16　印张:16.75　字数:367千
版　　次:	2023年7月第1版
印　　次:	2025年4月第2次印刷
书　　号:	ISBN 978-7-5672-4347-7
定　　价:	65.00元

若发现印装错误,请与本社联系调换。
服务热线:0512-65225020
苏州大学出版社邮箱 sdcbs@suda.edu.cn

城市轨道交通"英"系列技能教材编委会

主　　任　金　铭

副 主 任　史培新

编　　委　陆文学　王占生　钱曙杰　楼　颖
　　　　　　蔡　荣　朱　宁　范巍巍　庄群虎
　　　　　　王社江　江晓峰　潘　杰　戈小恒
　　　　　　陈　升　虞　伟　刘农光　蒋　丽
　　　　　　李　勇　张叶锋　王　永　王庆亮
　　　　　　查红星　胡幼刚　韩建明　冯燕华
　　　　　　鲍　丰　孙田柱　凌　扬　周　礼
　　　　　　毛自立　矫甘宁　凌松涛　周　赟
　　　　　　姚海玲　谭琼亮　汪一鸣　姚林泉
　　　　　　金菊华　王志强　俄文娟　崔建荣

序

习近平总书记指出:"城市轨道交通是现代大城市交通的发展方向。发展轨道交通是解决大城市病的有效途径,也是建设绿色城市、智能城市的有效途径。"习近平总书记的重要讲话指明了城市轨道交通的发展方向,是发展城市轨道交通的根本遵循。

当前,城市轨道交通正在迈入智能化的新时代。对此,要求人才培养工作重视高素质人才、专业化人才的培养和广大员工信息化知识的普及教育。如何切实保障城市轨道交通安全运行?如何提升城市轨道交通的服务质量和客户满意度?如何助推交通强国建设?这是摆在我们面前的重要任务。

苏州是我国首个开通轨道交通的地级市,多年来,苏州市轨道交通集团有限公司坚持以习近平新时代中国特色社会主义思想为指导,牢记"为苏州加速,让城市精彩"的使命,深入践行"建城市就是建地铁"的发展理念,坚持深化改革和推动高质量发展两手抓,在长三角一体化发展、四网融合、区域协调发展等"国之大者"中认真谋划布局苏州轨道交通事业,助推"区域融合",建立沪苏锡便捷式、多通道轨道联系。截至2023年,6条线路开通运营,运营里程突破250千米;在建8条线路如期进行,建设总里程达210千米。"十四五"时期是苏州轨道交通发展的关键期,面对长三角一体化发展、面对人民群众的期盼,苏州轨道交通事业面临各种挑战和机遇,对人才队伍的专业技能和整体素质也提出了更高要求。

苏州轨道交通处于建设高峰期,对人才的需求更加迫切。苏州市轨道交通集团有限公司一直高度重视人才培养和高素质人才队伍建设,特别推出了城市轨道交通"慧"系列管理教材和"英"系列技能教材。

"慧"系列管理教材包括管理基础、管理能力、管理方法、创新能力、企业文化等方面的内容,涵盖了从管理基础的学习到创新能力的培养,从企业文化的塑造到管理方法的运用,为城市轨道交通行业的管理人员全面、系统地学习管理知识和提升管理能力提供了途径。

"英"系列技能教材包括行车值班员、行车调度员、电客车司机、安全实践案例分析、消防安全等方面的内容,为城市轨道交通行业的从业人员技能培训和安全意识提升提供了途径,为城市轨道交通行业的安全和服务质量提供了重要的保障。

这两个系列教材,顺应轨道交通事业发展要求,契合轨道交通专业人才特点,聚焦管理基础和技能提升,融合管理资源和业务资源,兼具苏州城市和轨道专业特色,具有很好的实践指导性,对于促进企业管理水平提升、培养高素质管理人才和高水平技能人才将会起到实实在在的推动作用。

这两个系列教材可供轨道交通相关企业培训使用,也可作为院校相关专业教学用书。

这两个系列教材凝聚了编写组人员的心血,是苏州轨道交通优秀实践经验的凝练和总结。希望能够物尽其用,充分发挥好基础性、支撑性作用,促进城市轨道交通技能人才培养,推动"轨道上的苏州"建设,助力"强富美高"新苏州现代化建设,谱写更加美好的新篇章。

中国城市轨道交通协会常务副会长 周晓勤

前言 Preface

伴随着我国城市化进程的加速，城市交通问题日益突出。鉴于轨道交通的安全、准点、节能、环保和运能大等特点，发展以轨道交通为骨干的城市公共交通系统已成为解决城市交通问题的共识。城市轨道交通在我国各城市快速建设和发展，逐渐成了缓解城市拥堵、改善人们出行、提供就业机会、推动资源整合、促进国民经济发展的重要行业。截至2022年年底，我国（不包括港、澳、台地区）开通城市轨道交通的城市共55座，运营里程达10 287.45千米。快速发展的城市轨道交通，带来了巨大的人才需求，当前运营管理人才非常紧缺，结合这种实际情况，如何构建完善、科学、先进的人才培养体系，快速、高效地培训优秀的轨道交通运营管理人员，将关系到轨道交通的安全运营和未来发展。

电客车司机作为轨道交通公司的一线工作人员，负责当班期间电客车的驾驶工作，是城市轨道交通运营工作中的关键岗位。本书以电客车司机岗位需求分析为基础，对照国家、行业标准规范和苏州轨道交通各项规章制度，全面介绍本岗位所需的专业知识和专业技能。由于车辆型号、信号制式的区别，本书以苏州轨道交通1号线的设施设备为基础，整合了全自动线路的部分知识，以满足不同城市及线路培训的需求。

本书由苏州市轨道交通集团有限公司和苏州大学轨道交通学院共同组织编写。在编写过程中，编者参阅了国内外大量文献资料，在此，我们对相关作者表示衷心感谢。本书的编写和出版得到了苏州市轨道交通集团有限公司、苏州大学轨道交通学院、苏州大学出版社的大力支持,在此也一并表示感谢。鉴于行业习惯和实际表达需要,书中许多专业术语使用了缩写和简写,并在附录提供了注释。

  鉴于本书编写人员水平和经验上的局限性,书中错漏之处在所难免,期待广大读者和同行批评指正,提出宝贵意见。

编 者

项目一　电客车司机岗位认知 ·· 1

知识学习 ·· 1
　　一、职业概况 ·· 1
　　二、岗位职责及基本要求 ······································ 3
　　三、三级安全教育 ·· 4
　　四、服务作业标准 ·· 5
　　五、岗位红线 ·· 8
项目训练 ·· 9

项目二　工作交接 ·· 10

知识学习 ·· 10
　　一、电客车司机作业安全 ······································ 10
　　二、乘务运作模式 ·· 12
　　三、乘务派班运作 ·· 12
技能实训 ·· 19
　　实训 1　出勤作业 ·· 19
　　实训 2　退勤作业 ·· 21
　　实训 3　交接班作业 ·· 22
　　实训 4　乘务管理系统使用 ···································· 23
项目训练 ·· 25

项目三 整备作业 ... 26

知识学习 ... 26
- 一、城市轨道交通车辆概况 ... 26
- 二、列车车底设备布局及功能介绍 ... 27
- 三、列车驾驶室设备布局及功能介绍 ... 34
- 四、列车乘客信息系统 ... 43
- 五、列车控制系统 ... 52
- 六、车载信号设备 ... 74

技能实训 ... 81
- 实训1 运用电客车整备作业 ... 81
- 实训2 电客车故障判断排查 ... 86

项目训练 ... 88

项目四 车辆段列车运行 ... 90

知识学习 ... 90
- 一、车辆段概况 ... 90
- 二、轨道交通线路 ... 92
- 三、车辆段行车组织 ... 103

技能实训 ... 106
- 实训1 列车出回场作业 ... 106
- 实训2 列车调车方式出回场作业 ... 107
- 实训3 车场洗车作业 ... 108
- 实训4 车场内转轨作业 ... 108
- 实训5 车场列车连挂作业 ... 109
- 实训6 车场内开行备用车作业 ... 111
- 实训7 车场试车线调试作业 ... 111
- 实训8 FAM模式下列车出回场作业 ... 112

实训 9　全自动线路场段上下车作业 ………………………………………… 113

项目训练 …………………………………………………………………………… 115

项目五　正线列车运行　116

知识学习 …………………………………………………………………………… 116

　　一、车站 ……………………………………………………………………… 116

　　二、正线行车组织 …………………………………………………………… 121

　　三、列车驾驶规范 …………………………………………………………… 129

　　四、列车驾驶模式及站台作业标准 ………………………………………… 131

　　五、全自动线路乘务组织及电客车正线运行监控要求 …………………… 135

技能实训 …………………………………………………………………………… 137

　　实训 1　列车进站、停站、出站作业 ………………………………………… 137

　　实训 2　列车折返作业 ………………………………………………………… 138

　　实训 3　电客车转备用及备用车投入运营作业 ……………………………… 139

　　实训 4　正线调试作业 ………………………………………………………… 140

　　实训 5　全自动线路列车正线运行作业 ……………………………………… 141

项目训练 …………………………………………………………………………… 144

项目六　电客车故障处理　145

知识学习 …………………………………………………………………………… 145

　　一、电客车故障处理基本要求 ……………………………………………… 145

　　二、电客车故障应急处置的方法 …………………………………………… 146

技能实训 …………………………………………………………………………… 148

　　实训 1　车辆故障处置（车门类） ………………………………………… 148

　　实训 2　车辆故障处置（制动类） ………………………………………… 149

　　实训 3　车辆故障处置（牵引类） ………………………………………… 152

　　实训 4　车辆故障处置（网络类） ………………………………………… 153

　　实训 5　信号故障处置 ……………………………………………………… 154

项目训练 ··· 157

项目七 城市轨道交通应急处理 ································· 158

知识学习 ··· 158

    一、城市轨道交通应急处理概述 ································· 158

    二、突发事件的应急组织 ·· 162

    三、乘务应急处理信息汇报与传递 ································· 163

    四、全自动线路应急处理相关规定 ································· 167

技能实训 ··· 171

    实训 1 道岔故障应急处理 ····································· 171

    实训 2 ATP 系统故障应急处理 ······························ 173

    实训 3 联锁故障应急处理 ····································· 179

    实训 4 站台门操作 ·· 182

    实训 5 站台门故障处理 ··· 187

    实训 6 暴雨天气时的应急处理 ······························ 188

    实训 7 台风、大风天气时的应急处理 ···················· 191

    实训 8 暴雪、冰雹、结冰、霜冻天气时的应急处理 ·········· 195

    实训 9 大雾天气时的应急处理 ······························ 197

    实训 10 火灾现场的应急处理 ···································· 199

    实训 11 列车救援应急处理 ······································· 204

    实训 12 区间乘客疏散应急处理 ······························ 208

    实训 13 列车挤岔、脱轨、冲突、倾覆应急处理 ········· 209

    实训 14 人车冲突应急处理 ······································· 212

    实训 15 异物侵限应急处理 ······································· 213

    实训 16 通信中断应急处理 ······································· 217

    实训 17 接触网大面积停电应急处理 ······················ 219

    实训 18 车门、站台门夹人（夹物）应急处理 ········· 223

项目训练 ··· 225

项目八　特殊情况下作业标准 ································· 226

知识学习 ······································· 226
一、相关定义 ··································· 226
二、特殊情况下作业相关规定 ···················· 227
三、手信号显示 ································· 229

技能实训 ······································· 231
实训1　列车越红越引导 ························· 231
实训2　跳停、排空 ····························· 232

项目训练 ······································· 235

部分参考答案 ·· 236

附录A　正线呼唤确认用语 ···························· 241
附录B　车场内呼唤确认用语 ·························· 242
附录C　《司机报单》 ································ 243
附录D　《行车事件单》 ······························ 244
附录E　《出勤登记簿》 ······························ 245
附录F　《退勤登记簿》 ······························ 246
附录G　《运用电客车状态卡》 ························ 247
附录H　故障及应急预案分类 ·························· 248
附录I　部分专业术语对照表 ·························· 251

项目一　电客车司机岗位认知

学习目标

(1) 掌握电客车司机岗位职责及基本要求；
(2) 掌握电客车司机三级安全教育的组织及要求；
(3) 掌握电客车司机服务作业标准；
(4) 掌握电客车司机岗位红线的内容。

技能目标

(1) 能描述电客车司机的岗位职责；
(2) 会表述电客车司机的三级安全教育；
(3) 能描述电客车司机的服务作业标准；
(4) 会判断触碰电客车司机岗位红线的行为。

◆ 知识学习

一、职业概况

电客车司机是城市轨道交通行业的核心工种，以下简要说明其工作中所涉及的相关内容的定义及术语。

(一) 电客车司机及相关人员定义

电客车司机（简称"司机"）：指持有上岗证并具备驾驶电客车资格的人员。电客车司机负责正线和车辆段内电客车驾驶操作和电客车运作。以苏州轨道交通为例，电客车司机由持有苏州市轨道交通集团有限公司运营分公司人教部颁发的上岗证，并具备独立驾驶电客车资格的人员担任，负责驾驶电客车在正线上运行及在车场内的调车作业和电客车运作的安全。

电客车学员（简称"学员"）：指跟岗学习电客车驾驶操作技能，且尚未取得上岗证，必须在带教司机指导和现场监控下驾驶电客车的学习人员。

调车员：由工程车或电客车司机担任，负责车场内调车作业的现场指挥，组织、协调参与调车作业的人员及时完成调车任务，并监控调车作业按计划实施等。

引导员：指车组需要司机在尾部推进运行时，负责在车组前端瞭望，随时与司机进行联控，协助司机监控进路及运行安全，确保异常情况下能够及时通知司机停车的人员。引导员可由车站人员或司机担任。

（二）相关专业术语

调车：除列车在车站的到达、出发、跳停及在区间内运行外，凡车组进行一切有目的的移动统称为调车。

调试作业：指正线、车场内任何信号、车辆的调试、试验、测试工作（包括故障处理完毕后进行的试验工作），以及投入运营服务前所做的准备工作。调试工作负责部门必须派出技术人员跟车监控车辆状态。

过线、转线、转轨：车组从某一条线路经过联络线运行到另一条线路称为过线；车组在某一条线路的某一行线，经过折返线或存车线运行到另一行线称为转线；车组在车场内股道之间的转移称为转轨。

套跑：指因测试、验证等，组织电客车尾随在上、下行运行的列车后运行。

跳停：指列车不停车经过车站的过程。

排空：专指列车不载客。默认情况下，排空列车沿途跳停；若需停站，应按行调命令执行。

推进：在尾端驾驶室操作电客车运行，机车或电客车在尾部推动其他车组运行，称为推进。

退行：指在特殊情况下，列车进入区间后退回后方最近车站。退行可以推进或牵引运行，若列车完全进入区间，退行时车站须引导接车。

反向运行：列车运行方向分为上、下行，当违反常规方向运行时，称为反向运行。

区间迫停：指列车故障或行车条件不满足，导致列车在区间被迫停车，且不能驶向前方车站或退回始发车站的情况。

行车凭证：指列车进入闭塞区域的凭据。

三、二、一车距离：指调车作业时，距离停留车或停车地点的距离，三车、二车、

一车分别为 60 m、40 m、20 m。

邻线：指同一条线路内相邻的正线及辅助线。

二、岗位职责及基本要求

（一）岗位职责

以苏州轨道交通为例，介绍电客车司机的乘务车间管理，其岗位职责主要包含以下几项：

(1) 负责完成电客车驾驶工作，根据列车运行图的要求运送乘客。
(2) 负责完成安全生产工作，严格执行本岗位安全生产规章制度、操作规程。
(3) 完成上级领导临时交办的任务。
(4) 负责协助其他部门（中心）、车间、工班完成需要配合的工作。

> **小贴士**
>
> **电客车司机驾驶工作要求**
>
> (1) 严格执行公司内部规章制度，正确操作电客车。
> (2) 认真做好出车前的检查准备工作，严格按规定的程序和标准进行，对不符合运行要求的列车，报告车场调度，按其指示执行。
> (3) 行车中按规定确认行车凭证，必须执行呼唤应答等作业制度。严格按照《运营时刻表》或调度的命令行车，为乘客提供安全、准点、舒适、快捷的服务。
> (4) 立岗标准，按规定开、关车门，掌握好时机。忠于职守，不得擅自离岗，对非乘务人员登乘驾驶室时，认真按公司的规定执行。
> (5) 团结协作，树立全心全意为乘客服务的职业道德，认真学习专业知识，提高业务操作水平。
> (6) 有责任和义务对新司机、学员进行业务指导和"两纪一化"监督。
> (7) 定期参加业务学习、培训，提高业务技能，能提出合理化建议。

（二）基本要求

随着城市轨道交通线路覆盖面变广、客流量增加、电客车型号变化，作为一名电客车司机，不仅要会驾驶列车，还要能灵活应对列车故障等各类突发事件。电客车司机在保障城市轨道交通安全、正点、高效运行方面的重要性越发突出。因此，对入职电客车司机岗位的人员，在职业道德、业务能力及个人能力方面有着严格的要求。以下以苏州轨道交通为例进行介绍。

1. 学历要求

具有大学专科及以上学历，交通运输相关专业毕业。

2. 入职培训

（1）入司培训。

（2）电客车知识培训（包括司控台各开关按钮、空气保险、转向架、车钩、走行部）。

（3）三级安全知识培训。

（4）规章制度培训。

3. 在职培训

（1）电客车专业知识培训（包括车辆故障应急处理指南、信号故障应急处理指南、应急预案、作业标准、安全关键点等内容）80课时/年。

（2）安全教育培训不少于16课时/年。

4. 资格证书

具有相关技能等级证书。

5. 业务技能

（1）具备良好的电客车驾驶能力。

（2）具备熟练的电客车故障（车辆、信号）处理能力。

（3）熟知电客车专业各项标准化作业及作业流程，掌握电客车基础理论知识。

6. 管理技能

具备一定的应急处置能力，包括团队合作能力、沟通能力及协调处理问题等能力。

7. 个人素质

善于沟通，协调处理问题能力强；具有较好的综合素质和个人修养及较高的专业理论水平。

三、三级安全教育

（一）三级安全教育的必要性

乘务工作是轨道交通运营安全体系中的关键，是确保行车安全的最后一道关。当其他运营岗位出现失误时，若司机采取措施及时，就能在一定程度上防止事故发生或降低事故的影响。司机既是行车安全的关键保障者，也是行车安全的关键风险之一，因为他们的失误会直接影响运营服务水平，他们的违章行为可直接导致事故的发生。运营中乘务人员的作业较分散、线路较长，他们经常单独作业，而管理人员配置紧凑，使现场安全监控难度大。司机的工作环境单一、重复作业频率很高、工作节奏很快、应急处理反应要求迅速，使其承受较大的心理压力。因此，建立完善的电客车司机安全教育体系，提升司机的安全思想水平及安全技能，对于保障运营安全是十分重要的。

（二）三级安全教育的内容

三级安全教育制度是企业必须坚持的基本安全教育制度，包括公司级教育、车间级教育和班组级教育。

1. 公司级安全教育

公司级安全教育是对新入公司的人员，包括到公司参观、实习的人员和参加劳动的学生及外单位调来的人员进行的安全教育，由公司组织实施。

2. 车间级安全教育

车间级安全教育是新员工或调动工作的员工被分配到车间后所进行的车间一级的安全教育，由车间负责人组织实施。车间级安全教育的内容包括本车间劳动安全卫生状况和规章制度，主要危险、危害因素及注意事项，预防工伤事故和职业病的主要措施，典型事故案例，事故应急处理措施，等等。

3. 班组级安全教育

班组级安全教育是新员工或调动工作的员工到达生产班组后进行的安全教育，由班组长组织实施。班组级安全教育的内容应包括遵章守纪、岗位安全操作规程、岗位间工作衔接配合、卫生注意事项、典型事故案例、劳动防护用品的性能及正确使用方法等。

企业新员工应按规定接受三级安全教育并在上岗考核合格后方可上岗。

四、服务作业标准

（一）规范服务

司机应秉承公司"安全、正点、舒适、快捷"的服务宗旨，行为举止端正，遵守公司要求的行为守则，在岗时保持精神饱满、举止大方、行为端正、礼貌服务、操作平稳的工作状态。

（二）文明礼貌

（1）班前注意休息，班中精力集中，驾驶列车时保持不间断瞭望。严禁在上班期间打盹或做与工作无关的事。

（2）当班时私人通信工具应处于飞行模式，发生特殊情况，在其他行车通信工具无法联系时，司机应打开私人通信工具联系。上班时严禁携带便携式音响、游戏机等娱乐工具。

（3）司机出入车站过程中，服务工作标准要求与车站人员相同。

（4）如因列车故障，司机需进入客室操作设备，必须举止得当，不得冲撞乘客；如需乘客配合，应礼貌进行协商，不得有强制行为。

（5）司机在站台立岗时，应站在指定位置，保持立正姿势，两手自然下垂，眼平视前方，观察乘客上下车情况；不得背手、手插进口袋或手搭在物品上，不得有伸懒腰等影响司机形象的行为。

（6）接车司机在终点站提前 1 min 立岗接车，接车时不要随意将备品包丢在地上，出现多人在接车位置时，交流时不要大声喧哗，不要在接车位置吃东西，严禁在接车位置出现嬉笑打闹的行为，严禁在站台与乘客抢座位。

（7）遵守公司通用行为守则，在岗时要精神饱满、言语得当、举止大方。使用文明用语：您好、请讲、对不起、给您添麻烦了、谢谢、再见、请您配合我们的工作。

（8）做到骂不还口、理解乘客、互相尊重、理性处理特殊情况并及时与行车调度员（简称"行调"）、车站保安人员或警察联系，确保列车正常运行。

（三）着装及作业标准

1. 着装

上岗时统一着装，衣着整洁，按规定佩戴领带、肩章、工号牌、星级标志等；肩章清洁平整，工号牌戴于上衣口袋上方，工号牌的下边沿与上衣口袋盖平齐，党徽、团徽佩戴于工号牌的中上方。司机须按不同季节着装要求着装。

2. 作业标准（以非自动化运行线路为例）

（1）出勤按时正点。提前出勤、准时出乘，严禁迟到、漏乘，请假必须按有关规定提前办理。

（2）司机在站台上要按规定的站立标准站立。若只有一名司机，应面向站台，认真监督乘客上下车情况和列车出发计时器（DTI）的时间变化，在 DTI 显示 15 s 时关闭车门；若有两名司机，要求同时下车立岗，司机面向乘客站立。关闭车门时，操作司机与车体呈 45°站立，认真监督乘客上下车情况和 DTI 的时间变化，在 DTI 显示 16~18 s 时关闭车门，另一名司机帮助确认。

（3）在有弯道且影响到司机瞭望的车站，司机确认站务人员发出的"好了"信号和"车门关好"指示灯亮后，方可动车。

（4）在站台立柱会影响司机瞭望的车站，司机须通过监视器显示确认所有车门关闭良好后，方可动车。

（四）规范用语

1. 文明用语规范

（1）司机在上班期间与相关人员进行交流时，应使用普通话。

（2）当列车自动报站出现故障或其他情况需要人工报站或播放清客广播时，应使用普通话，保持语调沉稳，声音洪亮，吐字清晰，语速适中。

（3）有乘客求助时，如由于时间关系不能为乘客解答，应礼貌地指引乘客与车站站台岗或车控室联系。

（4）接待乘客的投诉，态度要和蔼、得理让人，不得讲斗气、噎人、训斥、顶撞的话。

（5）在进行工作联系时，应采用行车标准用语，统一使用普通话进行联系，涉及用阿拉伯数字联系时，按照行规执行。人工广播时应使用普通话，口齿清楚，语调平和，叙述内容清楚明了。

2. 广播播报及人工报站

在连续式列车控制（CTC）模式下，列车广播系统应采用自动模式（故障除外）；在非CTC模式下，列车广播系统应采用半自动或手动模式。当自动广播发生故障，不能正常播音时，司机在行车过程中，应注意监听报站，若出现报站错误，可采用人工报站，报站内容与自动报站相同，播报内容如下：

（1）列车启动后："乘客们，本次列车终点站M站，下一站C站。"

（2）列车进站："乘客们，C站到了。乘客们，C站到了，需要下车的乘客请做好准备。"

（3）终点站列车清客："乘客们，本次列车终点站M站到了，请您带好随身物品全部下车，欢迎您再次乘坐。"

列车运行发生特殊情况或发生临时运营调整时，按下列标准进行播报：

（1）列车临时停车延误（故障）："各位尊敬的乘客，现在是临时停车，请您稍候，为了您和他人的安全，请勿触动车上的设备，感谢您的谅解与合作。"

（2）部分屏蔽门/车门未打开，需要乘客上下车配合："各位尊敬的乘客，因部分车门不能自动打开，请从开启的车门处下车，感谢您的配合。"

（3）列车清客："各位尊敬的乘客，由于设备故障（运营调整），本次列车即将退出服务，请全体乘客下车，给您出行带来的不便，我们深表歉意。"

（4）紧急疏散："列车发生险情，紧急疏散，请进入疏散平台，往列车前进方向的头部行走。"

（5）区间清客："乘客们，由于发生险情，需要紧急疏散，请您不要惊慌，有序地从打开的车门进入疏散平台，听从工作人员的指引，步行前往车站，请注意安全。"

"各位乘客请注意，由于列车故障不能继续运行，现在需要紧急疏散，请乘客服从工作人员的指挥，有秩序地离开，谢谢配合。"

（6）不停站通过："各位尊敬的乘客请注意，由于运营组织需要，本次列车将不在下一站停靠，需在该站下车的乘客，请从其他站下车，给您出行带来的不便，我们深表歉意。"

（7）车厢火警："乘客们，车厢内发生火情，请您保持镇定，取出座位底下的灭火器扑灭火源，请勿触动列车上的其他设备，工作人员将马上到现场处理。"

五、岗位红线

岗位红线是以负面清单的形式，分岗位将可能导致严重后果的不安全行为列为禁令内容，是为保证安全生产而划定的底线，是高压线，是任何人严禁触碰的。岗位红线又分为通用类红线和司机岗位红线。

1. 通用类红线

（1）在工作场所内饮酒或带酒气出勤（含酒测弄虚作假）。

（2）私拉乱接电线或私用大功率电热器。

（3）当班期间擅离职守。

（4）擅自挪动/动用消防设备、器材。

（5）阻塞消防通道。

（6）在站内、隧道内吸烟。

（7）违规使用员工卡。

（8）擅自进入轨行区。

（9）无证上岗。

（10）轨行区施工作业超范围施工。

（11）对乘客有推、拉、打、踢等粗暴行为。

（12）未经允许将公司内录音、录像等资料外传、外泄。

2. 司机岗位红线

（1）飞乘飞降（在不停车的情况下上下车）。

（2）擅自切除重要旁路开关或关闭通信设备。

（3）无行车凭证或未确认"五要素"（进路、道岔、信号、车门、制动）动车。

（4）超速驾驶。

（5）站台作业未确认空隙安全。

（6）停留车辆未采取防溜措施。

（7）攀登到机车、车辆和车载货物顶部。

项目训练

一、填空题

1. 车组在车场内_____之间的转移称为转轨。
2. 电客车司机由持有_____颁发的上岗证，并具备驾驶电客车资格的人员担任。
3. 电客车司机负责完成电客车驾驶工作，根据_____的要求运送乘客。

二、选择题

1. 电客车司机须参加专业知识培训，每年培训课时数不少于（   ）。
   A. 16　　　　B. 36　　　　C. 80　　　　D. 100
2. 电客车司机须参加安全知识培训，每年培训课时数不少于（   ）。
   A. 16　　　　B. 36　　　　C. 80　　　　D. 100
3. 车组从某一条线路经过联络线运行到另一条线路称为（   ）。
   A. 过线　　　B. 转轨　　　C. 调车　　　D. 调试

三、判断题

1. 电客车学员在充分掌握驾驶技能、得到带教司机的许可后，可单独驾驶电客车。（   ）
2. 电客车司机有责任和义务对新司机、学员进行业务指导和"两纪一化"监督。（   ）
3. 电客车司机当班时，私人通信工具应处于关机状态。（   ）

四、简答题

1. 简述班组级安全教育的内容。
2. 简述车厢火警广播内容。

项目二　工作交接

学习目标

(1) 掌握电客车司机岗位安全作业知识；
(2) 掌握电客车司机乘务运作模式；
(3) 掌握电客车司机出、退勤要求；
(4) 掌握乘务派班系统运用知识。

技能目标

(1) 会进行出、退勤作业；
(2) 会进行交接班作业；
(3) 会操作乘务派班系统，进行派班作业。

知识学习

一、电客车司机作业安全

电客车司机作为轨道交通运营的关键岗位，承担着列车安全驾驶的重任，其存在的行车风险将直接影响列车运营安全。因此，制定电客车司机行车风险防范措施，可以有效地提高列车运行的安全性和可靠性，确保列车安全、正点运行。苏州市轨道交通集团为保证电客车司机作业安全，制定的相关措施可以概括为"三严格"、"八必须"和"十严禁"三个方面。

（一）三严格

（1）严格遵守各项规章制度，正确执行各项操作程序，确保电客车运行安全。

（2）严格按照列车运行图行车，维护运行秩序；工作中严守岗位，不得擅自离岗。

（3）严格按照要求规范使用司机室设备，爱护列车，精心操作。

（二）八必须

（1）司机必须经考试合格，取得岗位资格后，方可独立驾驶电客车。

（2）司机必须严格执行有关行车安全规章制度，服从调度指挥，按照列车运行图行车，为乘客提供安全、正点、快捷、舒适的服务。

（3）升弓前，司机必须确认所有人员在安全区域内。

（4）遇天气不良及其他需要鸣笛警示的情况，司机必须鸣笛。

（5）整备作业或正线运行中，需要离开司机室时，司机必须锁闭司机室门窗。

（6）启动列车前，司机必须确认信号（地面信号及车载信号），防止冒进信号。

（7）司机班前应充分休息，做好行车预想；班后应做好行车总结。对于行车工作中发生的事故，司机必须及时、准确地汇报，便于有关人员进行调查处理。

（8）行调发布口头命令时，受令司机必须认真逐句复诵，领会命令内容，并做好书面记录，以备向接班司机交接。

（三）十严禁

（1）横越线路时，严禁跨越地沟、钻车底。

（2）穿越道岔区时，严禁脚踏尖轨与道岔转动部分。

（3）受电弓升起后，严禁触摸电气带电部分及攀登车顶，须进行地沟检查。

（4）上下列车站稳抓牢，严禁飞乘飞降。

（5）严禁学习司机、司机学员在没有司机监督的情况下擅自操作列车。

（6）司机当班时，必须集中精力，认真瞭望，严禁做与行车无关的事。

（7）严禁电客车在无人引导的情况下推进运行。

（8）在非正常行车的情况下，严禁无凭证（或携错误凭证）开车。

（9）严禁没有指令和未确认道岔动车。

（10）严禁擅自带无关人员进入驾驶室，因工作需要登乘列车驾驶室时，必须严格执行客运部的登乘制度。

二、乘务运作模式

电客车司机处于轨道交通运营最前线，肩负着行车安全的主要责任，合理制定乘务方式、妥善安排司机休息时间、制定足够的安全监督和把控机制显得尤为重要。乘务方式的选择不仅要与实际运营相结合，还要有科学依据作保障，在保证安全的前提下实现人员精简、高效。

城市轨道交通的乘务方式主要有轮乘制和包乘制两种。苏州轨道交通采用轮乘制，采用这种乘务方式既有企业提高劳动生产率的因素，也有轨道交通车辆可靠性不断提高的因素。国内城市轨道交通采用的轮乘制主要分为四班三运转和四班两运转两种模式。苏州轨道交通采用的是四班两运转的轮乘制工作模式。

四班两运转的轮乘制工作模式，即电客车司机按 1 天白班，1 天夜班，2 天休息这种模式安排作息。白班 8:00—17:00，夜班 17:00—次日 8:00（列车晚上回场至第 2 天早上出场这段时间，司机在公寓休息）。这种工作模式的优点是：① 司机集中休息时间较长；② 出勤表编制简单，省时省力。其缺点是：① 夜班工作时间较长，司机易疲劳；② 难以安排固定的培训时间。

三、乘务派班运作

电客车司机的安排调度是城市轨道交通运营部门的重要工作之一，合理的派班安排对于减少运营中乘务费用支出、提高运营效率、保证司机调度公平和列车运营安全有着极其重要的意义。

（一）派班员简介

派班员是负责司机派班及出、退勤工作，根据《运营时刻表》编制司机交路表，并对运行信息和司机走行公里、工时等数据进行统计，对司机使用的行车备品进行日常管理的专职人员。

（二）派班员岗位职责及作业标准

1. 派班员岗位职责

（1）负责乘务车间司机派班及出、退勤工作，根据《运营时刻表》编制司机交路表，对司机使用的行车备品做好日常管理工作。

（2）正确使用及操作施工调度系统，并根据每周（月）施工计划、临时补充计划、临时补修计划，负责司机安排及调整工作。

(3) 负责办理司机请、销假及调休手续,并负责做好人员安排。

(4) 负责核对《司机报单》《行车事件单》,并做好司机工时、走行公里数的统计及司机二次绩效分配工作。

(5) 司机出勤时,负责检查司机的精神状态,正确使用酒精测试仪;检查司机抄录内容、行车注意事项;传达命令、安全指示和要求;向司机发放列车时刻表、《司机报单》、手持台等行车备品;督促司机按《运营时刻表》正点出库;对不符合工作要求的司机,有权中止其工作,并通知车间值班领导或司机长处理。

(6) 司机退勤时,及时收回相关行车备品,监督司机做好当日行车信息汇总及值乘总结,并与司机核对下个班出勤时间及地点。

(7) 负责调整人员值乘顺序和安排备班人员的工作任务,必要时安排临时值乘司机。

(8) 爱护和正确使用各种设备,搞好岗位卫生,认真执行交接班制度。

(9) 正确使用乘务派班系统,负责完成乘务车间生产运营日报表的填写及汇报工作。

(10) 负责收集合理化建议。

(11) 协助完成其他需要配合的工作。

(12) 做好信息汇报及续报工作。

2. 派班员岗位作业标准

(1) 班前作业标准。

① 采用四班两运转模式。

② 按规定提前 10 min 到岗,按规定着装,并通过酒精测试后,执行对口交接制度。

③ 认真聆听和阅读交班内容,不清楚时向交班人员详细询问,防止差错。

④ 检查、清点行车备品,保证备品实际状况与记录相符。

⑤ 充分了解人员动态、有关命令、文件及行车注意事项,查阅主要台账和内容。

> **小贴士**
>
> **相关查阅内容**
>
> 《综合日志》:当日执行时刻表、运行计划、列车运行安全、车辆质量、司机动态及其他需要说明的事项。
>
> 施工周(月)计划(施工作业令)、临时补充计划、临时补修计划,以及车辆转线、调试申请。
>
> 《司机出勤登记簿》《司机退勤登记簿》《调度命令登记簿》《请销假登记簿》、《司机考勤簿》(电子版)等。
>
> 有关行车注意事项、上级文件、命令、通知、须记名传达记录和领取劳保用品记录。
>
> 核对司机铭牌。

⑥ 严格做到"四不接"。
- 人员动态不清、作业计划不明不接；
- 司机铭牌与实际情况不符不接；
- 交接事项内容登记不全、不清楚不接；
- 备品数量、状态实际与记录不符或未进行登记不接。

⑦ 当班派班员必须使用规定账户。

（2）班中作业标准。

① 严格执行《运营时刻表》的有关规定和调度命令。

② 白班派班员认真填记并审核《司机考勤簿》、前日《故障信息汇总》、前日《乘务作业汇总》、前日《司机走行公里统计表》，做到准确无误。

③ 按规定办理司机请、销假手续；做好司机请假后的派班工作，合理安排好替班司机并在《综合日志》上记录说明；办理司机请、销假手续时应做到以下几点：登记、摘（复）牌、考勤、派班（交班）。

④ 有正线施工作业任务时，提前安排好调试司机并通知到人；提前于尾班车发车前 1 h 与行车调度员联系，确认出场时间、运行路径、运行方式等，及时接受调度命令并转告司机，监督司机抄录；监督司机认真抄写行车命令、注意事项，并进行核对，向司机说明注意事项，盖章签认后，方可准予司机参与正线施工作业；要重点跟踪施工作业，遇特殊作业时，应向司机传达作业要求和安全关键点，保证司机不带疑问出勤。

⑤ 由工程车配合的正线施工作业，当班派班员应及时将书面加开命令交工程车司机，并与工程车司机确认出场时间、运行路径、运行方式及相关注意事项。

⑥ 按规定确认司机具备退勤条件后，方可在《司机日志》及《司机报单》上盖章签认，准予退勤。

⑦ 安排好回库车司机休息房间及次日担当车次、交路、叫班时间，并进行登记，交公寓管理员，需要时及时向公寓管理员了解司机入住情况。

⑧ 准确统计司机走行公里数。

⑨ 做好司机出勤前的准备工作，为防止司机漏乘，与公寓管理员做好互控，遇司机未按时出勤时应及时联系，必要时，启用备用司机。遇特殊情况需提前叫班时，应及时通知公寓管理员。

⑩ 按规定检查司机具备出勤条件后，方可在《司机日志》及《司机报单》上盖章签认，准予出勤。

⑪ 按场调要求及时安排司机将备用车在规定时间内准备完毕。

⑫ 做好高峰回库车司机管理，做到人员去向清、动态明，保证随叫随到，高峰回库车司机须服从派班员安排，如确需离开，必须得到派班员的同意。

⑬ 落实上级安排的其他工作。

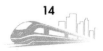

(3) 班后作业标准。

① 在交班前，将整个作业过程做一次全面检查，准备交班资料，做到"四清"。
- 行车命令、上级指示、传达注意事项清；
- 运行动态清；
- 司机派班情况、各类假别人员及其他人员去向清；
- 各类统计资料、传阅文件、台账清。

② 重要事项应重点交接，确保接班人员清楚无误。
③ 搞好设备定置、定标管理及岗位卫生清洁等有关工作。
④ 在派班室与接班人员对口交接。
⑤ 工作交接完毕，在《综合日志》签名后退勤。
⑥ 遇下列情况，不得交班：
- 接班人员未到岗时；
- 司机汇报问题未落实清楚时；
- 正在办理司机出、退勤或请、销假手续时；
- 派班室卫生不清洁时；
- 设备、备品及派发物品情况不清时；
- 不具备交班的其他情况时。

（三）司机管理

1. 派班管理

（1）司机派班由派班员统一负责，派班员必须严格按照《运营时刻表》要求，组织相关工作，及时公布和传达有关安全指示精神及行车注意事项。

（2）派班员负责根据《运营时刻表》编制和更新司机交路表及配套的司机出勤表。

（3）当班派班员必须掌握全体司机的动向，并根据生产计划及施工计划需要，安排、监督司机出乘、待乘等工作。

（4）派班员负责核对施工周计划及每日临时补充计划、临时补修计划，根据各类计划要求合理安排司机的派班工作。

（5）对于计划内值乘任务，派班员应提前一天安排好司机。

（6）原则上临时值乘司机，特别是参与施工作业的司机名单由日勤司机长决定。

（7）司机接到派班员的通知后，应及时出勤，服从安排，不得推诿、拒绝。

（8）如因工作需要司机临时值乘时，由日勤派班员确定相关人员名单，并在规定时间内通知相关司机。

（9）如需要司机参与日班临时值乘，派班员应提前 4 h 以上通知值乘司机。

（10）如需要司机参与夜班临时值乘，派班员应提前 8 h 以上通知值乘司机。

（11）派班室在非正常情况下，应及时组织相关人员进行处理。

2. 出、退勤管理

（1）出勤。

① 派班员在司机出勤前应认真检查行车备品，确保数量充足、作用良好。

② 派班员或司机长必须确认司机在规定时间到派班室或待乘室办理出勤手续。

③ 派班员确认司机无法正常出勤时，应及时安排备用司机顶替。

④ 派班员（车场出勤）或司机长（正线出勤）确认司机符合出勤条件，司机签认后，方可在《司机日志》《司机报单》上签章，准许司机出勤。

⑤ 派班员必须确认工程车司机每天在规定时间到派班室办理出勤手续，及时向工程车司机传达相关注意事项。

（2）退勤。

① 确认司机交还的行车备品齐全且无损坏后注销登记。

② 确认司机满足退勤条件后在《司机日志》上签章给予退勤。

（3）出勤条件。

① 司机着装及仪表仪容符合要求。

② 司机精神状态符合出勤条件（测酒仪测酒符合要求，精神状态通过观察、交流等方式获得）。

③ 检查司机携带行车备品齐全且作用良好。

④ 核对《司机日志》上抄录的行车注意事项、股道车号等正确。

（4）退勤条件。

① 完成交接班作业。

② 交还的行车备品齐全且无损坏。

③《司机报单》填写准确无误。

④ 发生行车事件时，正确填写《行车事件单》。

⑤《司机日志》记录下一班出勤时间、出勤地点、交路号准确。

3. 考勤管理

（1）电客车工班及工程车工班实行轮班工作制。

（2）工程车司机考勤时间按照工作时间进行计算。

（3）按照派班员记录在《司机报单》上的出退勤时间计算电客车司机的考勤时间，调试司机的考勤由派班室派班员负责。

4. 请、销假管理

司机请、销假时，派班员按公司相关规定执行，并做好相关人员安排。

5. 公寓管理

司机入住公寓时，派班员与公寓管理员做好人员管理及检查工作。

(四) 报表统计

1. 司机走行公里数统计

(1) 司机应按要求填写《司机报单》，记录好开行的车次及运行路径。

(2) 派班员每天根据《司机报单》上记录的运行路径，统计司机当班的走行公里数。

(3) 派班员收齐《司机报单》后，按司机所属工班分类存放，并完成当日总运行走行里程统计，由白班派班员填写在《司机走行公里统计表》上。

(4) 每月在规定的时间内将相关报表上交车间。

2. 列车事故/故障统计

(1) 派班员根据《司机报单》上填写的故障情况及时将相关故障情况进行汇总。

(2) 在当班期间发生行车事件时，由相关人员负责初审《行车事故（事件）单》后上交车间审核。

(五) 接收和传达调度命令

(1) 派班员应在分公司施工调度系统上及时接收调度命令，使用电话传达时，行车标准用语要求是：行车工作用语使用普通话，严禁使用方言；派班员（受令司机）必须严格按照发令内容复诵，严禁使用"明白"代替；复诵吐字清晰，语速适中。发令完毕后，派班员（受令司机）应说"完毕"，再给出司机代码。

(2) 接收到命令后，派班员应核对正确，及时填写在《调度命令登记簿》上。

(3) 派班员接到需要转达给司机的调度命令后，及时传达，不得延误。相关岗位人员对调度命令有不清楚的地方，应及时询问行调、车场调度员（简称"场调"）。

(六) 司机交路

(1) 日勤派班员根据分公司下发的《运营时刻表》，按照现有车辆及司机的人数，在3个工作日内完成司机交路表的编制及使用说明，并上报车间乘务工程师审核，经主任签字后下发执行。

(2) 司机交路表下发后，由日勤派班员负责向电客车司机长进行传达，司机长负责组织电客车司机在执行前进行学习，并将交路表的使用情况反馈至日勤派班员，日勤派班员对交路表的使用情况进行汇总。

(3) 司机交路表的编制需保证司机的休息时间，司机的走行公里偏差应控制在适当范围之内，原则上晚回库的司机晚出库。

(4) 司机长根据车间执行的司机交路表，每日出勤前半个小时与派班员核对司机出勤顺序。

（5）司机的出勤顺序按照其在班组中的位置进行轮换，不得私自调换。

（6）日勤派班员应在每月底将司机上月走行公里总数进行公示，同时完成司机班表编制，交主任签字后在派班室及正线出退勤室供员工查看。

（7）正线运营秩序发生紊乱须加派司机时，派班员应及时安排，尽量满足正线需求。

（8）发生接车司机漏乘时，在正线由当班司机长或派班司机负责安排，在车场由派班员负责安排。

（七）信息传达

（1）日勤派班员负责参加乘务车间召开的生产交班会，并负责于每日 8:00 前汇总前一日所有运行信息。

（2）派班员负责在司机出勤前汇总所有运行信息，并编制、公布当日运行注意事项，派班员或司机长负责在司机出勤时提醒，并督促司机学习、记录。

技能实训

实训 1 　出勤作业

一、实训内容

（1）公寓待乘。
（2）车场出勤。
（3）正线出勤。

二、实训要求

（一）公寓待乘

（1）出乘前严禁饮酒或服用影响精神状态的药物，做好充分休息，值乘早班交路时，值乘司机应在公司公寓待乘，保持精力充沛。

（2）公寓待乘时，必须严格执行公寓候班管理制度，退勤后不准外出（特殊情况下要外出时，必须经派班员批准）。

（3）公寓待乘期间，禁止饮酒及进行任何娱乐和影响他人休息的活动，严格按照公寓管理制度执行。

（4）爱惜房间内所有用品，使用完毕后应放回原处。

（5）公寓管理员根据出勤表时间叫班，叫班点须提前出勤点 40 min，提前发车点 70 min。

（6）派班室提前一天制定出勤表，制定的原则是按列车到达转换轨的先后顺序排列，"先到达转换轨的司机先休息，早晨先出库"。

（7）叫班遵循"一叫，二答，三催，四复查"的原则，确保司机准点出勤。

（8）叫班后要立即起床到公寓值班室签名，严格执行叫班签认制度，确保按时出勤。

（二）车场出勤

（1）班前严禁饮酒，保持精神状态良好，按规定着装。

(2) 在规定时间内至出勤室出勤。

(3) 在《司机日志》上抄录当日的行车注意事项，司机根据《时刻表》《锯齿图》，在《司机日志》上抄录接车车次、始发站发点，做好安全预想，将手机模式改至飞行模式。

(4) 办理出勤手续。

① 进行酒测，合格后核对《司机日志》上列车始发站发点，核对无误后签认。

② 派班员将行车备品交给司机，司机确认行车备品齐全且状态良好。

③ 领取《司机报单》，签字确认。

(5) 在检调处领取钥匙、《运用电客车状态卡》后签字确认，至对应股道整备列车。

(6) 遵守注意事项。

① 酒测不合格或拒绝酒测，按岗位红线处理。

② 出库司机须了解正线运营信息和班前会重点内容。

③ 行车备品包含手持台、钥匙（主控、方孔、三角钥匙站台门）。

（三）正线出勤

(1) 班前严禁饮酒，精神状态良好，按规定着装。

(2) 在规定时间内至出勤室出勤。

(3) 在《司机日志》上抄录当日的行车注意事项，司机根据《时刻表》《锯齿图》在《司机日志》上抄录接车车次、始发站发点，做好安全预想，将手机模式改至飞行模式。

(4) 办理出勤手续。

① 进行酒测，合格后核对《司机日志》上列车始发站发点，核对无误后签认。

② 领取《司机报单》，签字确认。

③ 参加班前会，记录正线运营信息和重点内容。

④ 至少提前 1 min 至指定位置立岗接车。

⑤ 到达司机与接车司机共同确认行车备品齐全且状态良好。

(5) 遵守注意事项。

① 酒测不合格或拒绝酒测，按岗位红线处理。

② 出库司机须了解正线运营信息和班前会重点内容。

③ 行车备品应包含手持台、钥匙（主控、方孔、三角钥匙站台门）。

实训 2　退勤作业

一、实训内容

（1）车场退勤。
（2）正线退勤。
（3）电话退勤。

二、实训要求

（一）车场退勤

（1）至检调处归还钥匙、《运用电客车状态卡》，做好登记。
（2）至退勤室归还行车备品，填写《司机报单》；发生行车事件时，填写《行车事件单》交派班员审核。
（3）确认下一班次及值乘车次，在《司机日志》上记录，交派班员核对后签认。

（二）正线退勤

（1）填写《司机报单》，发生行车事件时填写《行车事件单》，交司机长审核。
（2）确认次日出勤时间、值乘车次，在《司机日志》上记录，交司机长核对后签认。

（三）电话退勤

（1）满足电话退勤条件的人员至换乘室，并在完成本班工作及与接班司机交接完毕后，方可用换乘室电话进行电话退勤。
（2）退勤司机告知负责退勤人员报单填写情况及行车备品交接情况，并跟负责退勤人员核对下一个班的出勤时间和地点，负责退勤人员确认无误后方可准许退勤。
（3）当班期间发生行车事件须填写《行车事件单》时，不得采用电话退勤。
（4）填写报单。退勤司机自行填写退勤时间，并在派班员签名处书写"电话退勤"。司机需对报单进行涂改时，用双划线划掉内容，更正后在涂改处签名，派班室收到报单后在涂改处盖章确认。
（5）填写退勤本。负责退勤人员正常办理退勤，司机在确认处书写"电话退勤"。
（6）各换乘室电话退勤司机的报单放在报单盒内做好交接，最后由夜班班组管理人员负责安排人员将早班和白班电话退勤报单带回就近派班室（只需带回盒子内的报单）。

（7）电话退勤的条件有：

① 早班或白班下班班组两端站便乘司机、备车司机，或因其他特殊情况无法至退勤室退勤且得到班组授权的人员，方可办理电话退勤。

② 当班期间未发生行车事件的司机无须填写《行车事件单》。

③ 班组有特殊安排的情况除外。

实训 3 　交接班作业

一、实训内容

（1）正线交接。

（2）存车线备用车交接。

（3）停车库备用车交接。

（4）交接注意事项。

二、实训要求

（一）正线交接

列车运行至交接班站，由交班司机完成开门作业，接班司机待双门开启后进入司机室，与交班司机交接，共同确认行车备品齐全，接班司机完成关门作业。交班司机在列车运行方向 1-1 站台门处立岗，待列车启动后至退勤室退勤。

（二）存车线备用车交接

交接作业原则上在车站进行，如需步行进入存车线上车交接的，交接司机严格按照上下备车流程要求向行调及车控室申请，按照面向来车方向通行路径，说明进出路线，得到其同意后，方能下线路与备用车司机交接班。进入线路行走时，尽量靠线路限界外侧行走，确保自身安全。

（三）停车库备用车交接

在停车库内接车时，接车司机应与交班司机进行对口交接，交接内容包括：列车钥匙、驾驶专用物品；对列车进行检查和试验，了解列车的技术状况，一旦发现列车故障或车辆状况不符合出库要求的，应及时向场调报告。

（四）交接注意事项

（1）交接期间，如遇接车司机未及时到岗时，交班司机必须继续值乘，坚持将列车开到终点站后，再听从司机长安排，坚持"有车必有人"的值乘原则。

（2）接车时，接车司机应确认列车各设备功能正常、状态良好。

实训 4　乘务管理系统使用

一、实训内容

（1）系统登录。

（2）司机出、退勤管理。

二、实训要求

司机的派班工作是一项比较复杂、繁重又重要的日常运营任务。随着轨道交通的快速发展及日益增长的高质量乘客服务的需求，行车间隔时间将会越来越短，司机数量会越来越多，而人工派班及调度管理已不能满足运营生产组织的需要。"苏轨乘务管理系统"的功能设计分为"乘务派班管理""乘务综合管理""乘务配置管理"三大模块，实现了乘务派班管理的智能化。图 2-1 所示为乘务管理系统登录界面。

图 2-1　乘务管理系统登录界面

(一) 系统登录

1. 登录方式

打开浏览器，输入网址，进入登录界面，如图 2-1 所示；输入登录名称和密码，选择线路，点击"登录"按钮后进入系统主界面。系统主界面工作台包含导航菜单与首页快捷入口。

2. 修改密码和个人信息

若是首次登录或者其他情况，需要修改密码或者个人信息。具体操作步骤是：点击用户图标，弹出菜单，选择修改密码；然后在弹出的对话框中，先输入原密码，再输入新密码，确认保存。

(二) 司机出、退勤管理

（1）在"乘务派班管理"功能模块中选择"司机出、退勤管理"项。出、退勤功能是派班员在系统中代替司机进行出、退勤操作。执行"乘务派班管理→司机出、退勤管理"功能，进入出、退勤操作界面，绿色背景为正常出勤，灰色表示已退勤，红色表示迟到，橙色表示快迟到，白色表示未出勤。

（2）在网页版或客户端系统中直接输入工号和密码，然后点击"出勤"或"退勤"按钮。

（3）点击"司机出勤"项，提示吹完酒测。若是早班出勤，则还需填写发车计划和行车备品；若是退勤，则再次点击该司机的"退勤"项，弹出退勤界面。

（4）指纹出、退勤。只需要司机按指纹，即可弹出出、退勤界面，操作方法与手动出、退勤一致，无须输入密码验证。

项目训练

一、填空题

1. 电客车司机班前应充分休息，做好_____；班后应做好行车总结。
2. 电客车司机应严格遵守各项规章制度，正确执行各项_____，确保电客车运行安全。
3. 计划内值乘任务，派班员应提前_____确定并安排司机。

二、选择题

1. 对司机使用的行车备品进行日常管理的人员是（　　）。
   A. 派班员　　　B. 司机长　　　C. 物资员　　　D. 值班站长
2. 根据派班员岗位作业标准要求，派班员应按规定提前（　　）min 到岗。
   A. 5　　　　　B. 10　　　　　C. 15　　　　　D. 30
3. 如需要司机参与日班临时值乘，派班员应提前（　　）h 以上通知值乘司机。
   A. 2　　　　　B. 4　　　　　C. 8　　　　　D. 12

三、判断题

1. 升弓前，司机必须确认所有人员在安全区域内，方可鸣笛升弓。　　　　（　　）
2. 横越线路、跨越地沟前应注意观察两侧有无来车，检查地面是否湿滑。　（　　）
3. 司机长负责完成乘务车间生产运营日报表的填写及汇报工作。　　　　（　　）

四、简答题

1. 简述派班员交接时的"四不接"。
2. 简述司机出勤条件。

项目三　整备作业

学习目标

(1) 掌握电客车结构组成及主要部件的工作原理；
(2) 掌握信号系统组成及列车控制原理；
(3) 掌握城市轨道交通通信系统组成；
(4) 掌握电客车整备作业方法及要求。

技能目标

(1) 会进行电客车整备作业；
(2) 会进行电客车故障判断排查。

知识学习

一、城市轨道交通车辆概况

车辆是城市轨道交通系统的重要组成部分，是完成乘客运输的载运工具。鉴于轨道交通发展迅速，并逐渐向线网运营状态发展，同时车辆技术的不断进步使得各线路实际运行车辆的型号较多，很难一一列举，因此本项目的车辆介绍均以苏州轨道交通1号线车辆为例。

车辆由车体、转向架、牵引与电制动、辅助电源、空气制动系统及风源系统、空调、列车自动控制、列车控制与诊断系统、车载通信和乘客信息系统、照明系统等组成。

车体采用铝合金型材的轻量化焊接结构，两系悬挂、无摇枕转向架；牵引系统采用 VVVF 逆变器控制的交流异步牵引电机微机控制装置，实现对列车的牵引和电制动控制；电客车制动有电制动和空气制动两种方式，其制动优先级为再生制动、电阻制动、空气制动。电客车在制动时，VVVF 逆变器优先进行再生制动，最大限度地将能量返回电网。列车空气制动系统采用微机控制的模拟式电空制动装置。

二、列车车底设备布局及功能介绍

（一）Tc 车车底设备布置

苏州轨道交通 1 号线列车 Tc（带司机室拖车）车车底设备布置如图 3-1 所示。

图 3-1 1 号线 Tc 车车底设备示意图

1. 辅助逆变器模块

（1）概述。

每辆 Tc 车车底架安装 2 台辅助逆变器，辅助逆变器采用强迫风冷方式冷却，由侧面进风向下出风，Tc 车的辅助逆变器箱内配置有紧急启动模块和充电机。每台辅助逆变器输出一组三相三线 AC 380 V，每台充电机输出 1 路 DC 110 V，连接至低压列车母线，同时输出 1 路 DC 110 V 用于蓄电池充电。

（2）基本功能。

通过辅助逆变器输出 380 V/50 Hz 三相交流电供辅助电机工作，同时再经过整流输出 110 V 直流电供蓄电池、应急电池充电使用。辅助逆变器的主要负载包括空调设备、空气压缩机、通风机、挡风玻璃除霜器、雨刮器及客室照明等。

（3）启动流程。

辅助逆变器启动流程如图 3-2 所示，在辅助逆变器的输入电压处于允许范围内时，VCU 发出启动命令，辅助逆变器的预充电保护单元闭合，开始对支撑电容充电。若预充电单元没有错误，线路接触器闭合，辅助逆变器运行在断开输出保护的情况下，进行自检，测试是否有 AC 380 V 输出滤波电路、内部短路、内部接地等故障。如果自检没有错误，为了与列车三相交流母线同步，辅助逆变器又一次关断。如果列车三相交流母线上没有电压，输出接触器第一次接通，辅助逆变器接通，系统正常启动；如果在系统自检后列车三相交流母线已经存在电压，在断开输出接触器的情况下，辅助逆变器后端的输出滤波器进行测试，辅助逆变器开始执行与列车三相交流母线的相位、电压的同步，达到同步后输出接触器接通，此时辅助逆变器已经接管了整个列车母线的输出。

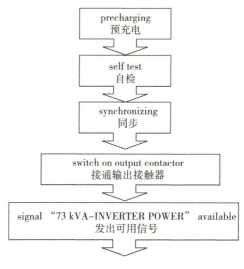

图 3-2　辅助逆变器启动流程

2. 蓄电池模块

（1）概述。

蓄电池为镍-镉结构，蓄电池的容量为 105 A·h。

（2）基本功能。

① 紧急供电。

若 MMI 人机接口显示两个充电机故障，这时，需司机判断列车速度是否为 0 m/s，当列车速度达到 0 m/s 时，司机通过操作激活司机室隔墙柜的紧急操作开关（EOS）（注：只有操作激活司机室的 EOS 有效），此时列车将施加紧急制动，正常供电母线不得电。（在 2 台充电机不工作时，需要切除客室正常照明，辅助逆变器低压用电单元、牵引逆变器低压用电单元和制动控制单元低压用电）仅由蓄电池通过紧急供电母线和永久母线分别为全车紧急负载和永久负载供电。

45 min 紧急负载主要包括：客室紧急照明；司机室照明；全部前照灯、尾灯和标志灯；所有与安全有关的控制系统；全部通信设备，包括列车广播、车载无线电、PIS 等；客室（含司机室）紧急通风。

在 45 min 紧急供电后，蓄电池的容量应能供给所有客室侧门的一次开关及列车再次唤醒。

当蓄电池电压低于84 V后，列车延迟30 s后自动进入休眠状态；或在蓄电池紧急供电45 min后，列车进入睡眠状态。

② 蓄电池控制和保护。

在驾驶台设置旋钮开关TAS，可以切除/接通蓄电池与DC 110 V供电母线，用于实现列车睡眠/唤醒。

每个Tc车低压箱内设有隔离开关BIS，当蓄电池出现故障或要对与蓄电池相连的设备进行检修时，可以使蓄电池与负载和充电电源隔离。

蓄电池箱体设有蓄电池温度传感器NTC 10 K，实现蓄电池在充放电循环过程中，电池温度不超过电池供应商提供的限定值（当检测到蓄电池的温度大于75 ℃时，蓄电池充电机断开，当蓄电池的温度低于65 ℃后再接通），同时对充电电压进行温度补偿。

在低压箱内设置二极管防止逆流（从DC 110 V负载到蓄电池），当一台蓄电池充电机（低压电源）发生故障时，与其相关的蓄电池不再被充电。

在蓄电池正负端设置熔断器160 A，实现对蓄电池过流、短路保护，熔断器的辅助触点传输给SKS模块，并由TCMS检测熔断器的状态。

通过低压箱内的低压检测继电器检测蓄电池电压，当蓄电池电压低于84 V时，通过切断供电接触器来切断蓄电池负载保护蓄电池。

通过司机台上的电压表可以读取所在单元的蓄电池的端电压值。

（3）蓄电池箱。

① 每辆Tc车配置一组蓄电池，每组蓄电池配有2个蓄电池箱。

② 蓄电池箱内的主要设备包括蓄电池、熔断器和温度传感器。熔断器用于对蓄电池电路的过流保护；通过温度传感器检测蓄电池的温度，实现充电机对蓄电池充电电压的温度补偿功能。

3. EP2002方案

苏州轨道交通1号线的制动微机控制单元采用EP2002方案。

EP2002方案通过两个核心产品EP2002网关阀（简称"GV阀"）和EP2002智能阀（简称"SV阀"）来形成分散式制动控制网络。辅助制动控制阀与一个EP2002智能阀共同安装在一块安装板上，构成集成智能阀。每辆Tc车安装一个集成智能阀和一个网关阀，每辆Mp（带受电弓的电车）车上安装一个集成智能阀和一个SV阀。EP2002制动控制单元为模块设计，安装在车底的转向架附近。

（1）智能阀（SV阀）。

SV阀是一个机电一体化的部件，它包含一个气动阀单元（PVU）和安装在气动阀上的电子控制部分。SV阀可以读出可编程输入并通过EP2002内部的CAN总线发送给GV阀。SV阀输出的状态由GV阀控制。

（2）网关阀（GV 阀）。

GV 阀也是一个机电一体化的部件，它包含一个气动阀单元（PVU）和安装在气动阀上的电子控制部分。通过软件和硬件结合的方式还可以对 GV 阀进行监控，发现潜在的故障。GV 阀具有 SV 阀的全部功能，并且 GV 阀带有 MVB 网络接口，能与列车管理系统实现信息传输。

电制动和空气制动的混合由车辆控制单元（VCU）控制，VCU 根据所需的制动力首先采用电制动，如果电制动不足，则将需要补充的制动力值发给 GV 阀，由 GV 阀计算并平均分配空气制动。

4. 电动空气压缩机组

每辆 Tc 车上安装有一台活塞式空气压缩机 VV120 及相应的空气处理设备。压力空气通过列车的总风管给列车供风，保证气动设备正常工作。空气压缩机由三相电机（AC 380 V/50 Hz）驱动，其连接通过一个无须维护的、具有自动定心的法兰安装的耐用型联轴器实现。若一台空气压缩机发生故障，列车仍可以正常运行。

空气压缩机组技术参数如表 3-1 所示。

表 3-1　空气压缩机组技术参数

旋转速度/(r/min)	955	工作电流/A	13（+20%/-10%）
空气净输出量/(L/min)	460（±6%）	功率因数	0.65
工作压强/Bar	9	功率消耗/kVA	9.4（+20%/-10%）
轴功率/kW	3.8（±7%）	启动电流/A	84（+20%）
油容量（max/min）/L	3.7/1.5	峰值电流/A	155（+20%）
油型号	1-lD90.21	控制电压/V	DC 110
防护等级	IP55	控制功率消耗/W	60
工作温度范围/℃	-40~50	配线图	8.120.3.001.8022
电压/V	380（±15%）	质量/kg	260（±5%）
频率/Hz	50		

空气压缩机组结构如图 3-3 所示。

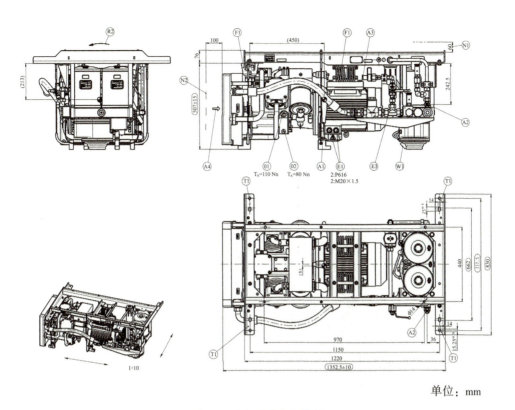

单位：mm

图 3-3 空气压缩机组结构

（二）Mp 车车底设备布置

苏州轨道交通 1 号线列车 Mp 车车底设备布置如图 3-4 所示。

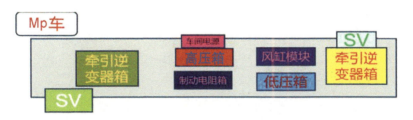

图 3-4 1 号线 Mp 车车底设备示意图

1. 牵引逆变器

牵引逆变器把电网的 1 500 V 直流输入电源转变为一个电压可变、频率可变（VVVF）的三相交流电，输出给感应式牵引电动机（牵引工况）；将感应式牵引电动机的动能转换为适合于通过电网再生的直流电源（制动工况），使用三相 380 V 交流供电驱动冷却风机。牵引逆变器外观如图 3-5 所示。

图 3-5 牵引逆变器外观

每辆动车配置 2 套牵引逆变器，牵引逆变器的主要技术参数如表 3-2 所示。

表 3-2 牵引逆变器主要技术参数

参数	值
额定电压/V	DC 1 500
网压波动范围/V	DC 1 000~DC 1 800
最高网压/V	DC 1 950
额定容量/kVA	570
短时最大容量（牵引）/kVA	650
短时最大容量（制动）/kVA	880
额定输出电流/A	3AC 300
VVVF 逆变器最大开关频率/Hz	800
输出基波频率/Hz	0~130
额定工作点效率	约 0.98
制动斩波器最大输出电流平均值/A	50
制动斩波器最大输出电流峰值/A	390
制动斩波器频率/Hz	600

牵引逆变器内部组成如图 3-6 所示，每套牵引逆变器包括 1 台 ICU（Inverter Control Unit）、1 台制动斩波器、1 个线路接触器和 1 个预充电接触器和充电电阻回路、1 个线路电抗器、1 个电压源直流回路、1 个 IGBT 逆变模块、1 台冷却风机。

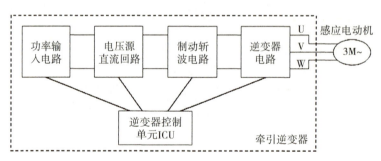

图 3-6 牵引逆变器内部组成

2. 制动电阻

（1）工作原理。

列车在施加电制动时（此模式下，牵引电机作为发电机工作），如果线网电源系统能吸收能量，那么牵引逆变器便能将列车产生的减速能量反馈给供电网络。

如果电制动过程中，牵引电机产生的电能无法馈入线网电源系统，这时，电流则将馈入制动电阻，并转换为热能，制动电阻配有冷却风机，冷却风机接三相 380 V 交流电，对制动电阻强迫风冷。

（2）制动电阻结构。

制动电阻外观如图 3-7 所示，每台制动电阻包括 4 个电阻单元、1 个风压报警模块、2 个过温报警模块、1 台冷却风机。

图 3-7　制动电阻外观

（3）制动电阻主要技术参数。

制动电阻主要技术参数如表 3-3 所示。

表 3-3　制动电阻主要技术参数

额定阻值（20 ℃）/Ω	4×3.9（±2%）
最小阻值（-25 ℃）/Ω	4×3.7
最大阻值（高温情况）/Ω	4×5.8
温度系数/℃（AISI 310 S）	0.000 55
标称工作电压/V	DC 1 800
最大工作电压/V	DC 2 200
电感值/μH	<4×15

3．车间电源

列车在车间或车辆段时，通过车间电源插座为全车辅助系统提供 DC 1 500 V 输入。车间电源布置在一辆 Mp 车靠近高压箱的位置处，并且车间电源供电时，牵引系统通过断开高速断路器被隔离，而仅有辅助系统受电，同时列车所有受电弓将无法升弓。

4．集成智能阀

辅助制动控制阀与一个 SV 阀共同安装在一块安装板上，构成集成智能阀。

为了便于列车的日常维护和试验，克诺尔辅助控制单元把制动控制系统和空气悬挂系统中的一些零部件，如停放制动电磁阀、截断塞门（带触点/不带触点）、测试接口、溢流阀、减压阀、空气过滤器、单向阀及其他气路元件和电子元件，集成安装在一块铝合金气路面板上。为了模块化设计，把这个辅助控制单元与 SV 阀集成为一个模块，即集成智能阀。

三、列车驾驶室设备布局及功能介绍

苏州轨道交通1号线列车驾驶台设备布置如图3-8所示。

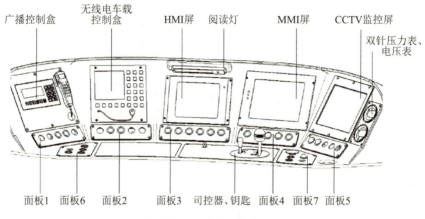

图 3-8　驾驶台设备布置

（一）面板 1

面板 1 上开关按钮布置如图 3-9 所示。

图 3-9　面板 1

1. 紧急牵引/拖行

（1）将此开关打到"紧急牵引"位置，在该模式下列车的最高速度由 VCU 控制，向前运行最高速度为 45 km/h，向后运行最高速度为 10 km/h。

（2）将此开关打到"拖行"位置，在该模式下列车的运行速度和最高速度由 VCU 控制，向前运行最高速度为 30 km/h，向后运行最高速度为 10 km/h。

2. 洗车模式

当司机控制器（简称"司控器"）上的换向手柄在"向前"位或"向后"位，控制手柄在"牵引"位，同时将洗车开关置于"洗车"位时，列车最大速度将由 VCU 控制，以 3 km/h 的速度运行，列车最大速度偏差不能超过限速度 0.3 km/h。

3. 远程缓解

该按钮带保护盖，且为自复位形式。按下该按钮，供气压力被隔离，制动缸的压力空气通过 EP2002 内部气路排到大气，实现制动缸的缓解。该按钮仅在无制动命令的条件下才起作用。远程缓解对紧急制动和停放制动不起作用。

4. 泵水

该按钮为自锁型按钮，按下该按钮，刮雨器喷嘴喷水。

5. 刮雨器控制

该开关为 4 挡开关：OFF、SP1、SP2、WM。

（1）OFF 位：刮雨器刮臂在水平位置。

（2）SP1 位：刮雨器每分钟擦 15~30 来回。

（3）SP2 位：刮雨器每分钟擦 30~45 来回。

（4）WM 位：刮雨器刮臂在垂直位置。

（二）面板 2

面板 2 上开关按钮布置如图 3-10 所示。

图 3-10　面板 2

1. 列车唤醒/睡眠

列车唤醒/睡眠转换开关有 3 挡位："激活""OFF""睡眠"，开关为自复位，用于接通和分断列车 DC 110 V 电源母线，从而开始和结束当天运行。在任一端，将列车激活开关（TAS）打到"激活"位，列车将激活；打到"睡眠"位，延时 30 s 列车休眠。

2. 警惕测试

该自复位按钮用于每次出车前检测紧急制动 RC 延时电路是否正常。按下该按钮 3 s，若列车触发紧急制动，说明紧急制动 RC 延时电路正常。

3. 灯测试

该按钮为自复位按钮，按下时所有司机台及立柱上所有指示灯亮起。

4. 司机室照明

在开位置时，司机室顶灯亮。

5. 头灯明暗调节

用于调节头灯亮度。需要注意的是，头灯点亮由司控器方向手柄控制。

(三) 面板 3

面板 3 上开关按钮布置如图 3-11 所示。

图 3-11 面板 3

1. ATO 启动 1、ATO 启动 2

ATO 启动按钮为带指示灯按钮,用来启动列车的自动驾驶功能。使用时两个按钮需同时按下,指示灯常亮,自动驾驶已激活。

指示灯的含义:

(1) 指示灯灭,ATO 未准备就绪或者不允许自动驾驶。

(2) 指示灯闪烁,当前主控器在"零位",且方向手柄在"向前"位时,按下 ATO 启动按钮就可以激活自动驾驶。当主控制器离开"零位"或方向手柄离开"向前"位时,将退出自动驾驶模式。

2. 自动折返

列车司机可通过按压自动折返按钮来触发折返运行,含义如下:

(1) 指示灯灭,自动折返条件未满足。

(2) 指示灯常亮,表示转换为自动折返模式的所有前提条件都得以满足,司机可以操作。

3. 降级确认

该确认按钮用于确认与安全相关的信息和 OBCU 车载设备的输入,使用降级确认按钮,司机可确认以下情况:级别/模式降级、级别/模式的预选、打开缓解速度程序。

4. ATC 模式升级

司机通过驾驶模式升级按钮手动选择列车的驾驶模式。驾驶模式的选择要通过按压确认按钮来进行确认。

5. ATC 模式降级

司机通过驾驶模式降级按钮手动选择列车的驾驶模式。驾驶模式的选择要通过按压确认按钮来进行确认。

(四) 面板 4

面板 4 上开关按钮布置如图 3-12 所示。

图 3-12　面板 4

1. HSCB 闭合

按下按钮，HSCB（高速断路器）闭合指令发送到车辆自动控制系统。若整列车高速断路器闭合，按钮绿色指示灯亮。

2. HSCB 断开

按下按钮，HSCB 断开指令发送到车辆自动控制系统。若整列车高速断路器断开，按钮红色指示灯亮。

3. 所有气制动施加

当空气制动施加（不包括停放制动）时，所有气制动施加指示灯（红色）亮。

4. 所有气制动缓解

当所有制动（包括空气制动和停放制动）缓解时，所有气制动缓解指示灯（绿色）亮。

5. 停放制动施加/缓解

该按钮为自锁型，且带红色指示灯。在零速情况下按下该按钮，将使停放制动电磁阀得电，如果此时没有施加常用制动，则将施加停放制动。当所有的停放制动施加时，该指示灯亮（红色）。

（五）面板 5

面板 5 上开关按钮布置如图 3-13 所示。

图 3-13　面板 5

1. 停放制动缓解

当所有的停放制动缓解时，该指示灯亮（绿色）。

2. VCU 故障指示

当主 VCU 发生故障时,该指示灯亮红色。

3. 受电弓状态指示

该指示灯为双色指示灯。当整列车所有受电弓升起时亮绿色,所有受电弓降下则亮红色。

4. 受电弓控制

受电弓控制开关有 4 个挡位:"降双弓""升前弓""升双弓""升后弓",控制对应受电弓升降。

5. 门模式选择

门模式选择该开关有 4 个挡位:"OFF""自动开自动关""自动开手动关""手动开手动关"。在"OFF"位时,开关门指令仅需发送至车辆控制系统;在其他位置时,开关门指令会发送至车载 ATC 系统,与屏蔽门实现同步开闭。

(六) 面板 6

面板 6 上开关按钮布置如图 3-14 所示。

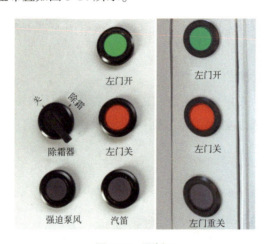

图 3-14 面板 6

1. 除霜器

该开关打到"除霜"位置,在外界温度低于 25 ℃时,面罩电加热工作。

2. 强迫泵风

该按钮为自复位按钮,正常情况下,压缩机启停由 VCU 控制。当 VCU 或者 SKS 输出故障而无法启动压缩机时,压力开关的压力值低于 7 Bar,并且按下司机台上的强迫泵风按钮,压缩机启动接触器通电,本列车的压缩机启动。

3. 汽笛

该按钮为自复位按钮,按下该按钮,列车汽笛发声。

4. 左门开

在司机台、左侧立柱上各设一个，该按钮为自复位按钮，按下按钮，可手动给出开门指令。当 ATP 发出"门使能"信号或在站台换端操作时，该按钮指示灯亮绿色。

5. 左门关

在司机台、左侧立柱上各设一个，该按钮为自复位按钮，按下按钮，可手动给出关门指令。当左侧任一车门未关好或锁好时，该按钮指示灯亮红色。

6. 左门重关

按钮为自复位，当左侧个别门启动防夹功能，车门打开时，按下该按钮片刻后恢复按钮功能，将再次给出关门指令。

（七）面板 7

面板 7 上开关按钮布置如图 3-15 所示。

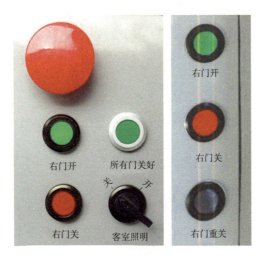

图 3-15　面板 7

1. "蘑菇"按钮

在紧急状态下，司机可按下"蘑菇"按钮，列车将施加紧急制动，同时降下受电弓。

2. 客室照明

该开关将客室正常照明 1 路、正常照明 2 路点亮或者关闭。紧急照明在列车唤醒后即点亮，不受此开关控制。

3. 右门开

在司机台、右侧立柱上各设一个，该按钮为自复位按钮，按下按钮，可手动给出开门指令。当 ATP 发出"门使能"信号或在站台换端操作时，该按钮指示灯亮绿色。

4. 右门关

在司机台、右侧立柱上各设一个，该按钮为自复位按钮，按下按钮，可手动给出关门指令。当右侧任一车门未关好或锁好时，该按钮指示灯亮红色。

5. 右门重关按钮

按钮为自复位，当右侧个别门启动防夹功能，车门打开时，按下该按钮片刻后恢复按钮功能，将再次给出关门指令。

6. 所有门关好

当列车所有门关好且锁好，车门联锁回路得电，该指示灯亮绿色。

（八）司机室右侧电气柜指示灯

司机室右侧电气柜指示灯如图 3-16 所示。

图 3-16 司机室右侧电气柜指示灯

1. WOSI 车间电源指示灯

车间电源插入时，WOSI 车间电源指示灯亮。

2. ISAI 隔离开关动作指示灯

当有隔离开关在隔离位时，隔离开关动作指示灯亮。

3. EISPB 紧急充电机启动按钮

当列车无低压 110 V 或电压低于 84 V 无法启动列车时，手动升弓后按下紧急充电机启动按钮，辅助逆变器紧急充电机启动，由辅助逆变器为列车提供低压电，从而完成列车启动。

4. MRPB MVB 重新配置按钮

持续按下 3 s，列车将重新对 MVB 网络进行配置。

5. PDPB 车门允许按钮

在使用车载控制单元（OBCU）控制开关门时，按下 PDPB 按钮，OBCU 将输出一次"门使能"信号。

6. ABBS 制动隔离开关

当出现个别踏面制动单元无法缓解时，可将开关打至隔离位，允许列车以限速 10 km/h 运行。

（九）司机室右侧电气柜隔离开关

司机室右侧电气柜隔离开关如图 3-17 所示。

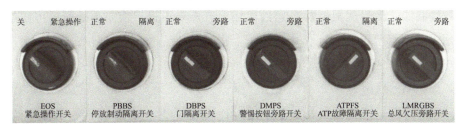

图 3-17　司机室右侧电气柜隔离开关

1. EOS 紧急操作开关

在紧急状态下，为维持蓄电池供电 45 min，司机操作该开关可将部分低压负载切除，从而保证其他设备的用电。

2. PBBS 停放制动隔离开关

当出现个别停放制动单元无法缓解时，可将开关打至隔离位，允许列车以限速 10 km/h 运行。

3. DBPS 门隔离开关

在非 ATP 保护的驾驶模式下，当门关好、连锁回路无法建立时，可操作该隔离开关，实现列车运行。

4. DMPS 警惕按钮旁路开关

当警惕按钮电路故障时，可操作该开关对警惕按钮功能进行旁路。

5. ATPFS ATP 故障隔离开关

当需要切除车载 OBCU 设备时，可操作此开关。切除后车辆由司机控制，信号设备功能失效。

6. LMRGBS 总风欠压旁路开关

当列车总风压力低时，可操作该隔离开关，缓解因风压低造成的紧急制动并限速动车。

（十）司机控制器

列车驾驶台上的司机控制器如图 3-18 所示。

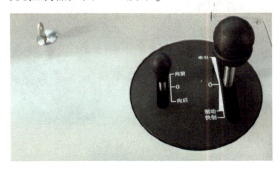

图 3-18　司机控制器

司机控制器（简称"司控器"）的面板上有控制手柄、换向手柄两种可操作机构。控制手柄有"牵引"区、"0"位、"制动"区、"快制"位四个挡位；换向手柄有"向后"、"0"、"向前"三个挡位。

司机控制器的控制手柄在"0"位、"牵引"最大位、"制动"最大位、"快制"位时有定位；在这些挡位之间为无级调节，通过转动同轴的驱动电位器来调节输入到电子柜的电压指令，从而达到调节列车牵引力和制动力的目的。换向手柄在每个挡位均定位，换向手柄稳定在相应的挡位中。

为了防止可能产生的误操作，司控器的控制手柄与换向手柄之间设有机械联锁装置，具体联锁如下：

（1）控制手柄有："牵引"区、"0"位、"制动"区、"快制"位四个挡位。

（2）换向手柄有："向前""0""向后"三个挡位。

（3）控制手柄和换向手柄相互联锁（即控制手柄在"0"位时，换向手柄方可操作；换向手柄在非"0"位时，控制手柄方可操作）。

（4）换向手柄只有在"0"位时，机械锁方可锁闭司控器。

（5）控制手柄在"牵引"最大位、"0"位、"制动"最大位、"快制"位均有定位，在"牵引"和"制动"区，可无级调节。

（6）换向手柄在各挡位均有定位。

在使用时，先打开机械锁，再由换向手柄选定列车的行车方向和工况，再操作控制手柄来控制列车的速度。在行车过程中，如需要改变列车的工况时，必须将控制手柄放回"0"位后，才可进行换向手柄的操作。如司机需要进行异端操作时，必须将本端司控器的控制手柄置"0"位，且换向手柄置"0"位，锁闭机械锁，拔出钥匙，方可进行异端操作。

（十一）仪表

列车驾驶台上的仪表面板如图 3-19 所示，包含直流电压表及双针压力表。

图 3-19　直流电压表及双针压力表

直流电压表用于检测直流电压的母线电压。

双针压力表中的白色指针指示列车总风管压力,红色指针指示 Tc 车基础制动单元的压力。

四、列车乘客信息系统

(一) 系统概述

乘客信息系统(Passenger Information System,简称 PIS),为乘客提供高质量的音视频和文本信息,使旅客及时了解列车的运行情况、到站信息等,方便旅客换乘其他线路,减少旅客下错站的可能性。在发生灾害或其他紧急情况下,通过 PIS,可以进行紧急广播,以指挥旅客疏散;可以调度工作人员抢险救灾,减少意外造成的损失;可以向 OCC 提供对列车的监控画面,使 OCC 工作人员实时掌握列车运营中的情况。

(二) 系统构成

PIS 构成如图 3-20 所示,设备布置如图 3-21、图 3-22 所示。PIS 主要包括车载广播系统、司机对讲和乘客紧急报警系统、车载多媒体信息播放系统、车载视频监控系统,以及和车载无线电、无线局域网的接口等。

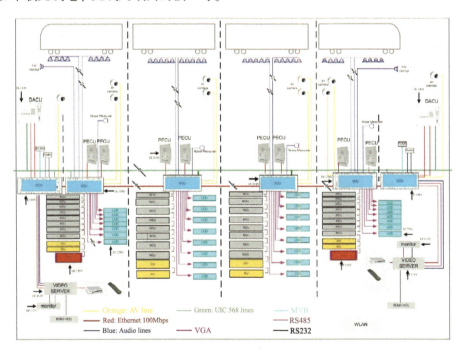

图 3-20 列车乘客信息系统

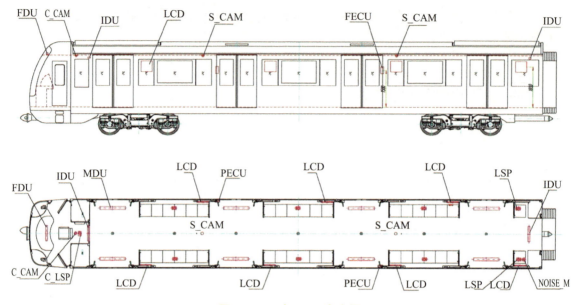

图 3-21　Tc 车 PIS 设备布置

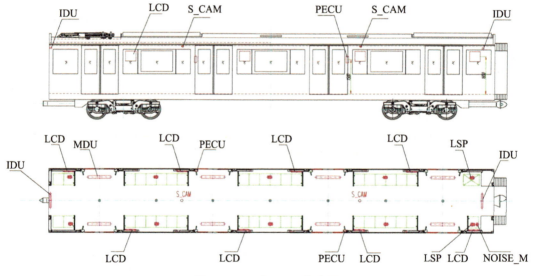

图 3-22　Mp 车 PIS 设备布置

乘客信息系统含有两条列车总线：以太网总线和 UIC568 总线。系统的所有功能通过以太网实现，其中广播和司机对讲的功能采用模拟音频总线备份。正常情况下，列车的广播和司机对讲均采用以太网传输，如果以太网出现故障，系统会自动转到 UIC568 模拟音频传输，最大程度地保证了列车的广播和司机对讲功能。

(三) 系统功能

1. 全自动广播

列车正常运行时，PIS 广播主机接收来自 MVB 网络的线路号、车次号、终点站、开关门、距离等信号，自动触发报站广播（包括离站、进站及到站），广播音频最终在客室扬声器播放，此过程无须人工干预。

ATC 失效后，PIS 广播主机接收来自 MVB 网络的速度、开门等信号，自动触发报站广播（包括离站及到站），广播音频最终在客室扬声器播放。

2. 半自动广播

司机操作广播控制盒或信号屏后，PIS 广播主机接收到起始站、终点站、报站触发等信号，实现报站广播（包括离站、进站及到站），广播音频最终在客室扬声器播放。

3. 人工广播

司机通过操作对讲电话（在广播控制盒上）可实现人工口播。PIS 广播主机接收人工口播语音，广播语音最终在客室扬声器播放。

4. 无线广播

通过无线电系统，地面工作人员可对列车上的乘客进行广播，也可和司机对讲。PIS 广播主机接收车载台控制盒传送来的无线广播语音，广播语音最终在客室扬声器播放。

车载台控制盒上自带扬声器和麦克风，通过它们，司机可以和地面工作人员对讲。

5. 广播监听

司机室内顶板上装有扬声器，它播放和客室扬声器相同的报站音频，其音量可通过广播控制盒来调整。

6. 广播音量自动调整

每个客室安装 1 个噪声检测器，用于检测客室噪声，客室功放通过反馈的噪音大小，实时调节客室的广播音量。

7. 紧急广播

当列车遇到紧急情况时，如发生火灾、严重故障等，司机可通过操作广播控制盒或信号屏进行手动选择，将预先录制好的疏导信息等进行播放，LCD 会全屏播放预录画面。

8. 广播优先级

不同类型的广播，其优先级别不同。在高级别的广播要求到来时，正在播送的低一级的广播立即中断，在高级别广播结束后自动恢复。低级别的广播通信不能打断高级别广播通信，需要等候高级别广播通信结束后才能开始。

优先级排序（由高到低）为：无线广播>人工广播>紧急广播>半自动广播>全自动广播。

9. 司机和司机对讲

列车两端司机室都设有对讲电话，通过它，司机和司机之间可实现全双工对讲。在两辆列车重联时，四个司机室中任何两个之间都可以对讲，但同时最多只有两个司机室可以对讲。

10. 司机和乘客对讲

在客室出现紧急情况或突发事件时，乘客可以按下报警器（内嵌麦克风和扬声器）上的紧急按键，向司机室报警，司机可通过操作对讲电话，接通报警器，实现司机和乘客的全双工对讲。

11. LCD 播放

LCD 多媒体子系统为乘客播放多媒体音视频节目。

音视频的来源可以是通过 WLAN 系统下载的，也可以是本地拷贝的。若从 WLAN 系统接收的是实时节目，节目将被立即播出，若不是实时节目，将被存储在本地，并在预定的时间播出。

LCD 显示屏分 4 画面显示，包括视频画面、时间、到站提示信息及欢迎词。LCD 自带的扬声器播放多媒体文件的音频。

多媒体音视频文件支持的文件格式包括 avi、rmvb、rm 等主流格式。触发紧急广播时，如火灾报警，LCD 会全屏播放预制的紧急画面。

12. 动态地图

动态地图为乘客提供列车运行线路、下一站和运行方向等信息。运行方向指示灯以红色常亮来指示列车行驶的方向，开门侧灯以红色常亮来指示下一站开门侧，列车已经行驶过的站以红色常亮来指示，即将到达的下一站以红色闪烁来指示，未经过的站灯灭。

每个客室门区设置 8 块动态地图，显示采用贴片红色 LED 显示，用于指示列车运行线路、方向、下一站、到站和开门侧灯信息。

LED 指示方式为：预报站时相应站指示灯为红色闪烁，当前停靠时为红色常亮，已过站红色常亮，未过站灯灭。两端各设一个运行方向指示箭头，红色常亮表示运行方向；一端还设有 1 个开门侧指示，红色常亮表示本侧开门。

13. 车次号显示

每个司机室各有 1 个车次号显示屏，为地面工作人员提供本列车的车次号。车次号的信号来源是 ATC 系统。OBCU 将车次号传送给 VCU，VCU 将其发送至 MVB 网络，PIS 广播主机将其接收，并将信号同步传给客室分机，最终显示在车次号显示屏上。

14. 贯通道 LED 显示

每个客室设有 2 个 LED 显示屏，位于贯通道处，用于显示乘客信息，包括列车运行线路、到站和下一站等信息。

15. 视频监控

每个客室设有 2 个摄像头，每个司机室设有 1 个摄像头，位于客室或司机室内顶板，用于拍摄车厢内情况，编码格式为 MPEG4，分辨率为 D1 格式 720×576，帧率为 25 帧/s，拍摄视频存储于视频服务器的硬盘（1T），视频服务器存储 7 天以内的监控录像，7 天前的录像会被系统自动删除。

乘客紧急报警被接通后，会触发报警联动，CCTV 监控屏全屏显示该画面，视频服务器将存储监控视频和对话音频，视频和音频为独立文件。

每个司机室设有 1 个 CCTV 监控屏，实时显示摄像头拍摄的监控录像。

监控屏可分 4 屏显示，也可全屏显示；可循环显示，也可固定显示；系统默认以 4 屏 20 s 循环显示，显示方式可通过屏幕上的触摸键改变。通过 WLAN 系统，最多可同时上传 2 路监控录像至地面控制中心，供地面工作人员查看。

（四）系统设备介绍

1. 广播控制盒

（1）界面。

① 广播控制盒操作面板。

广播控制盒可操作部分包括人机界面（MMI）和对讲电话（TIU），广播控制盒操作面板如图 3-23 所示。

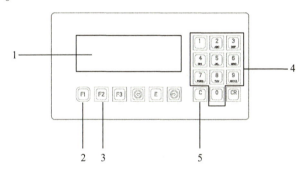

图 3-23　广播控制盒操作面板界面

图 3-23 中各区域代号含义如表 3-4 所示。

表 3-4　广播控制盒操作面板功能

1	显示屏
2	F1 按键，是功能按键，可以设置起始站、终点站，以及选择紧急广播
3	F2 按键，用于司机室监听音量调节
4	数字按键，包括 1、2、3、4、5、6、7、8、9、0
5	C 按键，是取消键，用于取消当前正在进行的操作

② 对讲电话界面。

TIU 界面如图 3-24 所示。

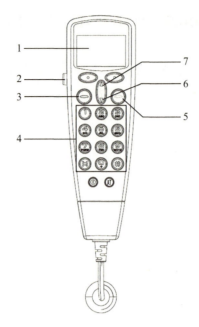

图 3-24 TIU 界面

TIU 界面各区域含义如表 3-5 所示。

表 3-5 TIU 界面代号含义

代号	描述
1	显示屏
2	PTT 按键，口播时需按住
3	红色挂断键
4	数字按键，包括 1、2、3、4、5、6、7、8、9、0、#、*
5	绿色接听键
6	下方向键
7	上方向键

（2）操作。

① 全自动报站。

系统上电、自检后，默认从 MVB 网络获取报站触发信号，进行全自动报站，不需要司机干预。

② 设置起始站、终点站。

若系统无法通过 MVB 网络获得线路信息、终点站等信号，通过操作广播控制盒，可设置线路的起始站和终点站。按下广播控制盒的功能按键 F1，广播控制盒的显示屏弹出 3 个选项供司机选择：

```
1  设置起始站
2  设置终点站
3  紧急广播
```

再按数字键 1 或 2 即可设置起始站或终点站。

③ 半自动报站。

设置好起始站和终点站后，车辆屏进入报站界面：

```
1  下一站：    金枫路
2  预报到站：  金枫路
3  到站：      金枫路
```

若按数字键 1，会播放离站预报信息；若按数字键 2，会播放进站预报信息；若按数字键 3，会播放当前到站信息。

④ 紧急广播。

按功能按键 F1，车辆屏的显示屏弹出 3 个选项供司机选择：

```
1  设置起始站
2  设置终点站
3  紧急广播
```

再按数字键 3，车辆屏弹出紧急广播的种类供司机选择：

```
1  火灾
2  列车故障
3  临时停车
```

最后按下相应数字键，即可播放相应条目的紧急广播信息；广播过程中，若按下 C 键，即可停止当前紧急广播。

⑤ 人工广播。

系统上电、自检后，TIU 进入正常操作界面：

```
        Directory
1  TIU 1
2  TIU 2
3  PCU 3
4  PCU 4
Menu                OK
```

按 Menu 键，进入菜单界面：

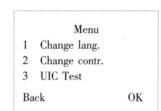

按数字键 3 或上下方向键后,按 OK 键,进入 UIC 模式界面:

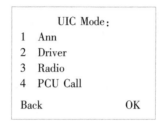

此时,可以拿起 TIU 话柄,按住侧面的 PTT 按钮(蓝色),即可进行人工口播;欲结束人工广播,可松开 PPT 按钮,并按下红色挂断键。

⑥ 应答乘客紧急报警。

当乘客按下某一个 PCU 的紧急报警按钮(如 PCU2)后,TIU 的显示屏会显示相应 PECU 的呼叫:

```
Emerg. call from
PCU 2

Reject          Accept
```

按接听键后,TIU 显示屏进入通话界面:

```
Connected with
PCU 2
```

此时,司机可以和乘客进行全双工通话;若按下挂断键,可结束本次通话。

⑦ 司机对讲。

系统上电、自检后,TIU 进入正常操作界面:

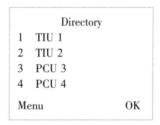

TIU1 表示当前司机室 TIU,TIU2 表示远端 TIU。

当前司机想与远端司机对讲时,可按下数字键 2,当前 TIU 进入对讲请求界面:

```
Calling
TIU  B
```

TIU2 进入对讲请求的应答界面：

```
Incom. call from
TIU A
Reject        Accept
```

若远端司机要应答本次对讲请求，可按下接听键，TIU2 进入通话界面：

```
Connected with
TIU A
```

TIU1 也进入通话界面：

```
Connected with
TIU B
```

按下 TIU1 或 TIU2 的挂断键，即可结束本次通话。

2．CCTV 监控屏

（1）界面。

CCTV（电视闭路监控器）监控屏的显示界面如图 3-25 所示。

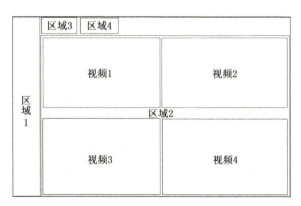

图 3-25　监控屏的显示界面

图中各区域操作界面的含义如表 3-6 所示。

表3-6 操作界面含义

代号	描述
区域1	摄像头的状态信息显示区 红色：网络断线 黄色：摄像头未连接好 绿色：正常连通
区域2	监控画面显示区 可全屏显示 也可分四屏显示，如视频1、视频2、视频3、视频4
区域3	单画面轮询切换按钮，默认切换时间为10 s
区域4	四画面轮询切换按钮，默认切换时间为20 s

（2）操作。

① 单画面或四画面显示。

系统启动后，监控屏默认以四画面显示摄像头的监控画面。

若要全屏观看某摄像头的监控画面，可在区域2中单击该画面，或在区域1中单击要查看的摄像头。

若要分四屏查看四个摄像头的监控画面，可再次单击全屏画面，返回四画面。

② 单画面或四画面轮询切换。

系统启动后，监控屏默认以四画面轮询模式显示10个摄像头的监控画面，切换间隔为20 s。若要停止轮询，可单击区域4。若要切换到单画面轮询，可单击区域3，切换间隔为10 s。

五、列车控制系统

列车控制系统（Train Control and Management System，简称TCMS）是电客车的"大脑"，作为电客车核心设备，具有对所有子系统的控制、监控、诊断的功能，实现列车牵引、制动等设备的状态信息和故障信息的显示与记录存储，实现重要信息的人机交互。TCMS包括列车控制和子系统控制，采用列车通信网络控制方式。列车通信网络（TCN）采用西门子的MVB-M分布式总线控制方式，符合IEC 61375列车通信网络标准。

（一）系统构成

TCMS系统主要由6个部分组成，MVB（Multifuction Vehicle Bus）主干线、MVB车辆总线、车辆控制单元（VCU）、SKS站、中继器、司机显示器（MMI）。其中车辆控制单元执行列车控制、MVB总线管理，以及控制通信和诊断系统的功能。司机显示器用于设备、列车状态及诊断信息的显示,以及部分列车控制功能、参数的设定和维护。

(二) 司机显示器

1. 基本功能

MMI 由显示器和显示控制器组成。显示器有手动和自动两种亮度调节方式,既适合于高架线路环境照度,也能适合隧道线路环境照度。显示器的控制器通过列车通信网络与车辆控制单元及其他微机控制系统交换信息,再通过一条长 10 m 的特殊电缆给显示器供电和传输信息。列车状态信息、过程数据和列车故障信息由车辆控制单元传送给显示器,显示器上设置的控制命令(如司机对故障的确认、对自动报站的设定等),则从显示器传送给车辆控制单元。

2. 设备参数

司机显示器的主要技术参数如表 3-7 所示。

表 3-7 司机显示器技术数据

显示屏对角线尺寸/in	12.1
防护等级	IP65(正面),IP20(控制器)
显示	12.1″LC-TFT-Display,高亮度(400 cd/m^2),广视觉不小于 120°;VGA,1 024×768 像素,256 K 色,自动控制 CCFL 更长寿命;触摸屏-声波传感技术
PC 结构	低能耗,Intel Celeron 400 MHz,256 MB 闪存硬驱
接口	MVB
DC 电压/V	24~110,隔离式
冷却	自然冷却(对流)
预热	在低温时,启机前打开电子加热器预热
操作系统	LINUX
其他特点	显示单元与计算机分开(计算机可以安装在阴凉处),专为铁路设计的声音报警信号

3. 显示内容和菜单结构

司机显示器显示内容及菜单结构如图 3-26 所示。

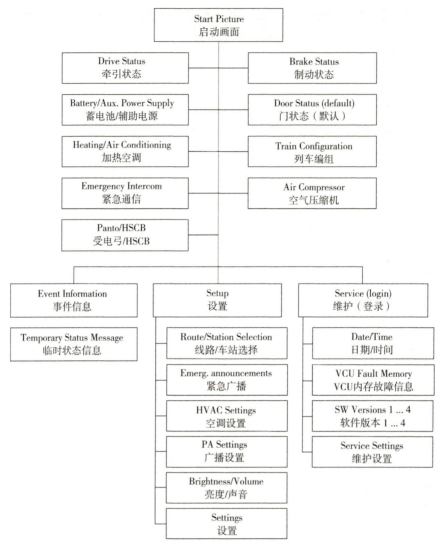

图 3-26　司机显示器显示内容及菜单结构

4. 启动画面

启动画面仅出现在司机显示器启动过程中,启动完毕后,司机显示器自动切换到默认画面。

5. 基本布局

此处以默认画面解释基本布局,默认画面在按下"主页"键时显示。苏州轨道交通1号线电客车,将"门状态"画面定义为主界面,如图 3-27 所示。

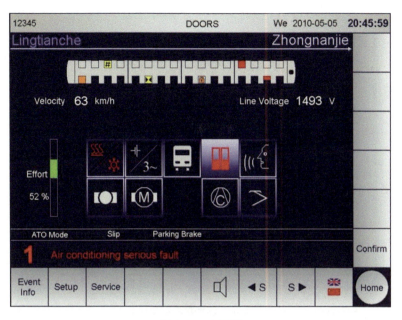

图 3-27　主界面

(1) 标题区。

标题区显示如图 3-28 所示，该区域显示一些基本的信息：旅程号（来自 ATO）、画面标题（如"门状态"）、实际日期和时间。

图 3-28　标题区

(2) 乘客信息区。

乘客信息区位于标题区下方，其显示如图 3-29 所示，右侧显示目的地站名，左侧显示下一站（或实际）站名。画面上显示的驾驶方向为"从左至右"。

图 3-29　乘客信息区

(3) 功能概览区。

功能概览区显示如图 3-30 所示，在每个操作画面的中间区域，布置有 9 个矩形按钮。这些按钮里的符号描绘了相应操作画面的意义。触摸按钮，将显示相应的操作画面。选择后，按钮的背景颜色就会改变。

图 3-30　功能概览区

(4) 车组区。

车组区位于乘客信息区下方，其显示如图 3-31 所示。苏州轨道交通 1 号线车辆为 4 节编组，车组区根据选择的画面显示实际信息（如车辆编号）。前方目的地定义为右侧，司机位置符号用"●"显示。如果为连挂模式，"车末端"符号显示在列车末端。

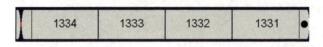

图 3-31 车组区

(5) 列车状态信息区。

列车状态信息区显示列车的重要数据信息，其显示如图 3-32 所示，包含了列车运行的速度和牵引接触网的网压。

图 3-32 列车状态信息区

(6) 状态区。

状态区给出列车状态信息，其显示内容如表 3-8 所示。

表 3-8 列车状态区显示内容

ATO Mode	Reverse	Fast Brake
紧急牵引	打滑	紧急制动
ATO 模式	空转	快速制动
带保护的人工驾驶	退行	停放制动
拖行模式		常用制动
洗车模式		
人工驾驶		
零位		

(7) 故障分类区。

故障分类区显示如图 3-33 所示。整车故障定义为 4 个等级的故障："严重故障"显示 1，"中度故障""轻微故障""维护信息"分别显示 2、3、4。

图 3-33 故障分类区

(8) 消息区。

消息区显示如图 3-34 所示，显示最早发生的故障信息，直到司机使用"确认"按钮确认。新消息将存储在缓存器中，当消息被确认后，新消息会一一显示出来，直到缓冲器为空。

Heating serious fault

图 3-34 消息区

当一条新消息出现，将同时产生一个声音信号。声音信号和消息颜色相关，当消息出现时，最多有 3 种不同的声音用于引起司机注意。

消息处理的设置如表 3-9 所示。

表 3-9 消息区分类

消息分类	声音信号
严重故障，报警（红色）	持续声音报警，直到消息被确认
中等或小故障，警告（黄色）	声音间断重复，直到消息被确认
运行或状态信息（白色）	仅响一声

（9）软按键操作栏。

如图 3-35 所示，在画面的右侧有"指针"触摸按钮 ▲ ▼ ◀ ▶，以及"取消" Cancel "确认" Confirm 和"主页" Home 按钮。通过"取消"按钮，操作或输入值可被放弃，或画面切换到前一页；通过"确认"按钮，操作、选择或输入值将被接受，显示的故障信息也将被确认。在画面底部，有特殊功能触摸按钮（如数字键盘），操作语言按钮可切换中文和英文，默认为中文。

选择"事件信息" Event Info ，"设置" Setup 和"维护" Service 按钮，将进入后面的特殊操作画面。

点击画面底部的"扬声器" 🔊 按钮，将立即激活下一站报站，司机可通过"◀S" "S▶"按钮预先手动选择实际站点，进行下一站广播。

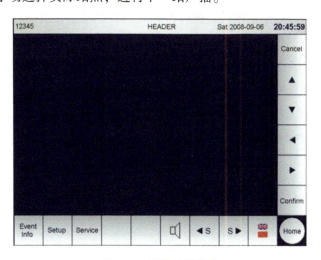

图 3-35 软按键操作栏

(10) 颜色方案。

红色显示相应功能的严重故障或报警状态：[●]（未选择），[●]（已选择）。

黄色显示相应功能的警告状态：[●]（未选择），[●]（已选择）。

灰/黑色显示相应功能的正常状态：[●]（未选择），[●]（已选择）。

元器件的不同状态使用不同颜色在相关车内显示，颜色及其对应状态如表 3-10 所示。

表 3-10　元器件状态显示表

绿色	激活（与白色相反）
白色	未激活（与绿色相反）
灰色	背景（无显示或未激活）
黑色	激活
红色	报警状态，严重（或中等）故障
黄色	警告状态，小（或中等）故障选择的项目，引起注意的对象或状态
橙色	需引起注意的特殊对象或状态

(11) 符号优先级。

元器件的不同状态用不同的符号显示在相关车上，如果所有符号显示在同一位置，当几个状态同时出现的时候，仅有最高优先级的符号将显示为元器件状态。

(12) 操作种类。

画面的选择通过单次触摸对应的功能按钮实现。

"二进制"的操作通过 1 步操作实现而不需要使用确认按钮。

"值"的操作通过 3 步操作实现：首先选择对应的值区域，此时数字键盘将在底部软按键操作栏出现；通过触摸数字键，被选择的值凹下并显示在值输入处；按"确认"按钮将值写入；按"取消"按钮在任何情况下退出值的更改。

如果信息是一个清单项（如线路的站名），每一项将逐行显示，显示的行数由可用空间大小决定。显示项将以不同的颜色显示，可用"▲""▼"按键滚动选择条目，使用"确认"按钮，输入选择的条目。

6. 各界面功能介绍

(1) "空调"画面。

"空调"画面显示如图 3-36 所示。

图 3-36 "空调"画面

各个图标所表示的含义如表 3-11 所示。

表 3-11 "空调"画面图标含义

优先级	图标	指示的状态
1		空调故障
2		空调警告
3		"紧急通风"模式,由蓄电池供电
4		"通风"模式,由辅助电源供电
5		"限制制冷"模式
6		空调运行,无故障
7		空调断开,无故障

(2)"辅助电源"画面。

"辅助电源"画面如图 3-37 所示。

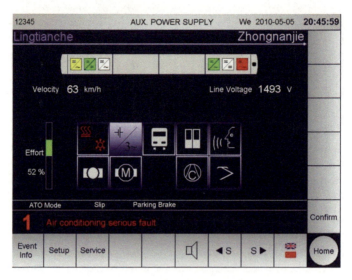

图 3-37 "辅助电源"画面

各个图标所表示的含义如表 3-12 所示。

表 3-12 "辅助电源"画面图标含义

优先级	图标	指示的状态
1		AC/DC 辅助电源故障
2		AC/DC 辅助电源警告
3		AC/DC 辅助电源运行，无故障
4		AC/DC 辅助电源断开，无故障

（3）"车号"画面。

"车号"画面如图 3-38 所示，此画面显示实际车辆编组的车号。

图 3-38 "车号"画面

(4)"门状态"画面。

"门状态"画面如图 3-39 所示。

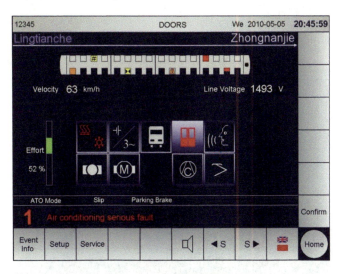

图 3-39 "门状态"画面

各个图标所表示的含义如表 3-13 所示。

表 3-13 "门状态"画面图标含义

优先级	图标	指示的状态
1		紧急情况下门从里面或外面打开
2		门切除

续表

优先级	图标	指示的状态
3		"维护"按钮按下
4		门开,有故障
5		门关,有故障
6		门警告
7		门检测到障碍物
8		门开,无故障
9		门关,无故障

(5)"紧急通信"画面。

"紧急通信"画面如图 3-40 所示。

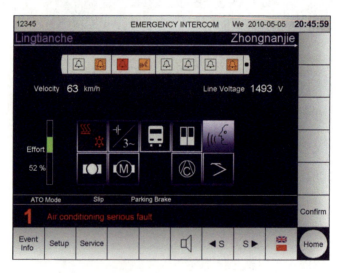

图 3-40 "紧急通信"画面

各个图标所表示的含义如表 3-14 所示。

表 3-14 "紧急通信"画面图标含义

优先级	图标	指示的状态
1		乘客紧急通信单元故障
2		乘客紧急通信单元激活,乘客要求紧急对讲
3		乘客紧急通信单元激活,司机已打开通信通道
4		乘客紧急通信单元正常,未激活

(6)"制动状态"画面。

"制动状态"画面如图 3-41 所示。

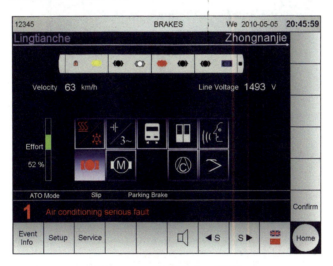

图 3-41 "制动状态"画面

各个图标所表示的含义如表 3-15 所示。

表 3-15 "制动状态"画面图标含义

优先级	图标	指示的状态
1		停放制动施加
2		制动切除
3		制动"自检"激活
4		制动故障

续表

优先级	图标	指示的状态
5		制动警告
6		常用制动施加
7		常用制动缓解

（7）"牵引状态"画面。

"牵引状态"画面如图 3-42 所示。

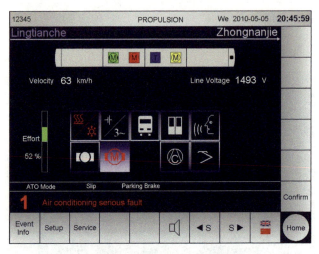

图 3-42 "牵引状态"画面

各个图标所表示的含义如表 3-16 所示。

表 3-16 "牵引状态"画面图标含义

优先级	图标	指示的状态
1		牵引"自检"激活
2		牵引故障
3		牵引警告
4		牵引激活（加速/减速），无故障
5		牵引断开，无故障

(8)"受电弓/HSCB"画面。

"受电弓/HSCB"画面如图 3-43 所示。

图 3-43 "受电弓/HSCB"画面

各个图标所表示的含义如表 3-17、表 3-18 及表 3-19 所示。

表 3-17 高速断路器图标

优先级	图标	指示的状态
1		HSCB 合上
2		HSCB 断开

表 3-18 受电弓图标

优先级	图标	指示的状态
1		受电弓切除
2		受电弓升起有故障
3		受电弓降下有故障
4		受电弓升起无故障
—		受电弓降下无故障

表 3-19 车间电源图标

优先级	图标	指示的状态
1		车间电源连接且供电
2		车间电源连接未供电（可选项指示，如果信号可用）
3		车间电源未连接

(9)"空气压缩机"画面。

"空气压缩机"画面如图 3-44 所示。

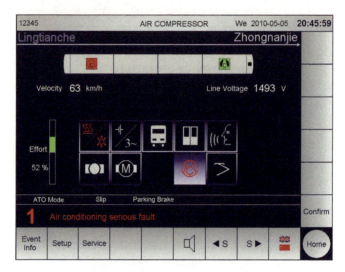

图 3-44 "空气压缩机"画面

各个图标所表示的含义如表 3-20 所示。

表 3-20 "空气压缩机"画面图标含义

优先级	图标	指示的状态
1		空气压缩机故障
2		空气压缩机警告
3		空气压缩机运行,无故障
4		空气压缩机断开,无故障

(10)"事件信息"画面。

"事件信息"画面如图 3-45 所示,出现的消息(最多 999 条)在清单中显示,最多每页显示 8 行。可用"▼▼""▲▲""▼""▲"按钮滚动清单。已经确认了的消息用"＊"号标记,选中的消息用高亮显示,消息的确认使用"确认"按钮。与高亮显示的消息相对应的车厢也将高亮显示。如果高亮显示的消息与整列车有关,将导致所有车厢相应颜色高亮显示。所选消息详细的注释或说明在显示器的较下端区域显示。使用"诊断内存读出"软键,司机可触发通过 PIS 系统将诊断内存数据发送到 OCC。

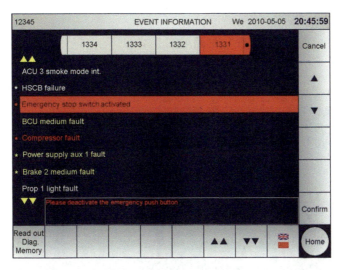

图 3-45　"事件信息"画面

根据要求，故障信息需要在 MMI 上显示的故障信息有：辅助逆变器单相接地故障；牵引电机过电流保护；制动电阻过电流保护；牵引逆变器中间回路的过压/过流保护；制动电阻过热保护。

（11）"临时状态信息"画面。

一些重要的信息可作为"临时状态信息"进行显示，激活的"临时状态信息"引起全屏显示相应的颜色的文本信息。只要事件激活，显示器将持续显示，所以仅特殊的或者重要的事件显示为"临时状态信息"。当"临时状态信息"消失，MMI 显示之前的画面。"临时状态信息"显示的典型的信息有：警惕按钮报警、超速报警，或者是抑制开车信息，如停放制动未缓解。

当列车速度超过目标速度 3 km/h 时，MMI 使用"临时状态信息"显示如图 3-46 所示的"超速报警"画面，并伴有报警声。当列车速度超过目标速度 8 km/h 时，VCU 会触发紧急制动。触发紧急制动后，MMI 跳转到之前的界面，并在消息区显示因超速 VCU 触发紧急制动的信息。

图 3-46　"超速报警"画面

(12)"设置"画面。

进入"设置"画面后,"设置"画面如图 3-47 所示,再点击相应的按钮进入详细设置画面。

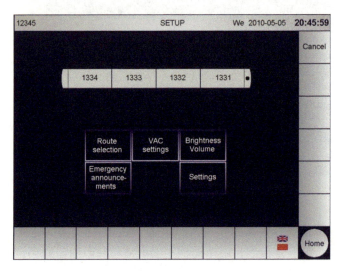

图 3-47 "设置"画面

①"线路选择"画面。

图 3-48 为"线路选择"画面,此画面中,司机必须在运营启动前选择线路(只限非 ATO 模式),使用"光标"和"确认"按钮。当前列车位置必须为"始发站"且目的地站必须为"终点站"。

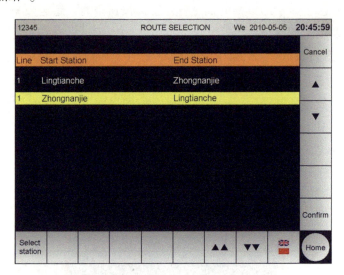

图 3-48 "线路选择"画面

②"选站"画面。

"选站"画面如图 3-49 所示,默认站如图中的基准行,司机可选择"始发站"为当前站,"终点站"为目的地站,然后确认。

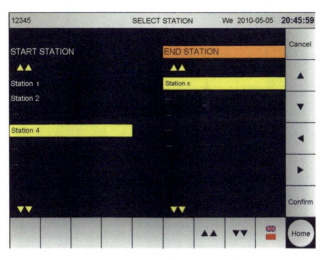

图 3-49　"选站"画面

③ "紧急广播"画面。

"紧急广播"画面如图 3-50 所示,此画面包含了紧急广播清单。如需要,司机可选择相应行,通过"确认"按钮为 PIS 发出广播。

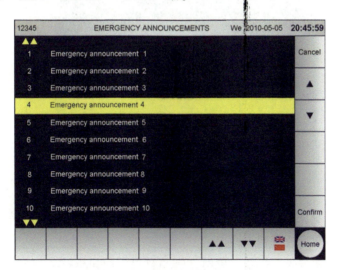

图 3-50　"紧急广播"画面

④ "空调设置"画面。

"空调设置"画面如图 3-51 所示,"空调设置"画面显示客室实际温度和设定温度等信息。可通过操作按钮"▲"和"▼"来选择"温度模式"和"温度偏移"。"温度模式"指示空调系统实际运行模式,相应的模式可通过软键"自动""手动""通风""关闭"进行操作。"温度偏移"默认状态指示为"默认",并可通过软键"-4K""-3K"

"-2K""-1K""Default""+1K""+2K"调整(调整范围-2K,-1K,Default+1K,+2K,+3K,+4k),如图3-52所示。

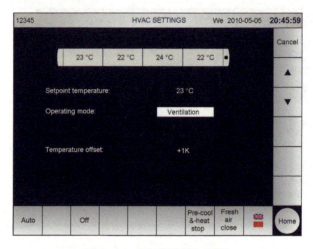

图3-51 "空调设置"画面

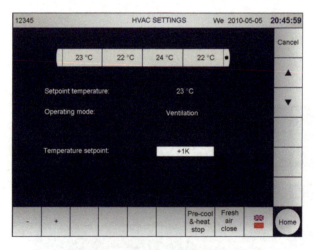

图3-52 温度模式和温度偏移

按钮"预冷停止"和"新风关闭"独立于上述选择,可在任何时候操作。

⑤"设置"画面(特定输入操作)。

此界面为特定输入提供操作。此时,制动自检可由司机按下"开始"按钮来触发,如图3-53所示。

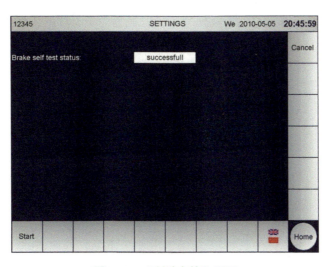

图 3-53 "制动自检"画面

⑥"亮度/声音"画面。

要改变显示器亮度或声音，首先用"▼"或"▲"按钮选择对应的输入区域。通过触摸"开""关"软键切换自动调节亮度功能的传感器。用"键盘音量"按钮，合上/断开声音反馈（当标记为运营）。亮度和声音值用"+""-"软键在第一步时改变。操作画面如图 3-54 所示。若 MMI 的控制单元断电，以上设置将复位为默认值。

图 3-54 "亮度/声音"画面

（13）"维护"画面。

只有被授权的维护人员输入密码后才能进入"维护"画面。

①"维护进入"画面。

如图 3-55 所示，进入"维护"画面后，自动选择密码输入区域。输入正确的密码并按下"确认"软键后，画面自动切换到"维护"画面总览，如图3-56所示。

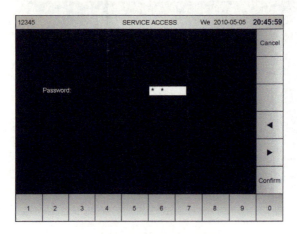

图3-55 "维护进入"画面

② "维护"画面总览。

图3-56为"维护"画面总览，用相应的按钮调出详细的设置画面，使用"注销"软键，断开与维护区的访问。

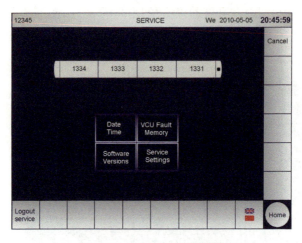

图3-56 "维护"画面总览

③ "日期/事件"画面。

VCU被设计为列车上所有相关设备的主MVB时间。"日期/事件"画面如图3-57所示，此画面用于为VCU输入实际时间和日期。要改变日期和时间，维护人员首先通过触摸▼或▲软键选择相关输入区域；当选择的区域高亮显示时，使用数字软键输入相关值，确认后即可。

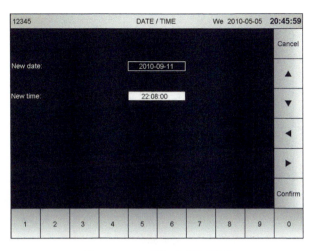

图 3-57 "日期/事件" 画面

④ "VCU 故障内存" 画面。

"VCU 故障内存" 如图 3-58 所示,此画面显示来自 VCU 车辆诊断内存的历史信息。使用 "分类" 按钮,相应的列将按升序/降序排列;按下 "下一个故障信息" 按钮,可用到的故障历史信息内容在 CCF 和 TCF 之间进行切换,当数据更新程序被激活,符号 ![] 将每 5 s 旋转一次。如适用,符号 ![] 指向需在车间模式诊断输入。

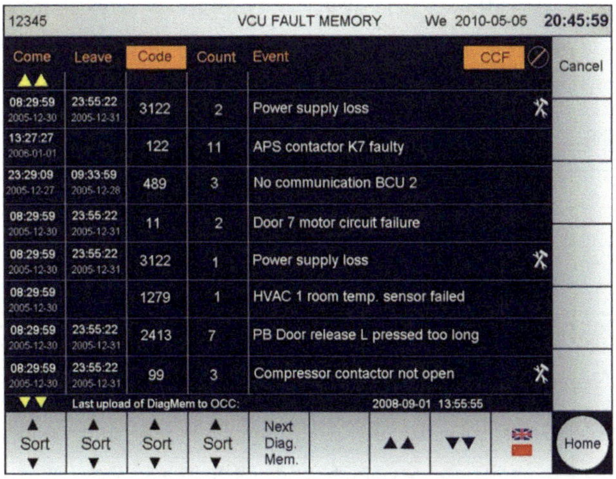

图 3-58 "VCU 故障内存" 画面

"软件版本" 包括 4 个不同的画面:"软件版本 1" 和 "软件版本 2" 显示除门控单元和 VCU 外的 MVB 网络上相关设备的软件版本;门控单元在 "软件版本 3" 和 "软件版本 4" 中显示。通过底部软键可选择不同的画面。"软件版本 1" 画面如图 3-59 所示。

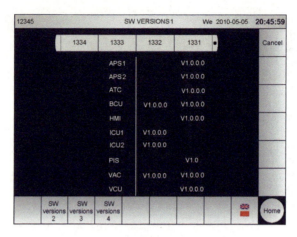

图 3-59 "软件版本 1"画面

(三) 系统功能

1. MVB 通信评估

如果整个 MVB 发生通信故障，MMI 检测到且在一定延时后，画面变量显示为"？"。当主 VCU 在 MVB 上重新工作，MMI 重新自动建立通信且跳转到默认画面。

2. 时间同步

VCU 设计为列车上所有相关元器件的主时间，MMI 通过 MVB 从 VCU 上接收实际时间。当手动输入时，写入 VCU 的新日期和时间将作为参考。

六、车载信号设备

(一) 车载信号设备简介

城市轨道交通信号设备是城市轨道交通的重要技术装备，它担负着指挥列车运行，保证行车安全，提高运输效率的重要任务。

城市轨道交通的信号系统通常由列车运行自动控制系统和车辆段信号控制系统两大部分组成，用于列车进路控制、列车间隔控制、调度指挥、信息管理、设备工况监测及维护管理，由此构成一个高效的综合自动化系统。

CBTC（基于通信的列车控制）系统是新型的城市轨道交通 ATC 系统，包括采用感应线圈和无线通信的 CBTC 系统，后者将在我国城市轨道交通中得到广泛的应用。

基于无线通信的 CBTC 系统是指通过无线通信方式（而不是轨道电路），来确定列车位置和实现"车-地"双向实时通信，自动控制列车运行的信号系统。列车上的车载控制器，通过探测轨道上的应答器，查找它们在数据库中的方位，确定列车的绝对位置，而且列车本身的自动测量,计算自前一个探测到的应答器起,已行驶的距离,从而确定列车的相对位置。列车车载控制器,通过列车与轨旁设备的双向无线通信,向轨旁 CBTC 设备报告本列车的精确位置。轨旁 CBTC 设备,根据各列车的当前位置、运行方向、速度等要素,同时考虑列车运行进路、道岔状态、线路限制及其他障碍物的条件,向所管辖的列车发送"移动授权极限",即向列车传送运行的距离、最高的运行速度,从而保证列车之间的安全间隔距离。

(二)车载信号屏

列车司机可以通过车载信号屏(Human Machine Interface,简称 HMI,也称人机界面)显示器查看列车当前运行状态,通过触摸屏进行操作以设置某些参数。车载信号屏的界面如图 3-60 所示。

图 3-60 车载信号屏界面

车载信号屏的显示内容分为相应区域,如图 3-61 所示。

A1					T1	T2	T3
							D
A2						M1	M2
	B: Speed Control					M3	M4
						M5	M6
						M7	M8
C1	C2	C3	C4	C5	M15	M9	M10
E: Text Message					F: ACK Message		
E1	E2						

图 3-61 车载信号屏显示分区划分

1. A 区各操作分区说明

(1) A1 区警报显示。

基于到下一个限速点的预计时间和距离,A1 区对司机显示警报,提示司机操作。如果没有可用信息或 ATO 接管控制,将显示空白。A1 区显示图标集如图 3-62 所示。

图 3-62　1 号线信号屏警报显示图标

(2) A2 区。

A2 区信息显示为到下一个限速点的目标距离和目标速度。目标速度和目标距离由严格的 ATP 条件决定。

2. B 区信息显示说明

B 区为速度信息区域,白色指针指示列车当前速度,白色指针中心为速度信息的数字显示;黄色三角形指针指示推荐速度;红色三角形指针指示紧急制动速度。

3. C 区各操作分区说明

(1) C1 区工况显示。

C1 区信息显示为牵引和制动(在 ATO 模式下)施加情况。C1 区信息显示图标集如图 3-63 所示。

图 3-63　1 号线信号屏工况显示图标

(2) C2 区模式等级显示。

C2 区信息显示最高的可用模式等级。图标闪烁:正在进行中;图标固定:选择已经完成。C2 区信息显示图标集如图 3-64 所示。

图 3-64　1 号线信号屏模式等级显示图标

(3) C3 区列车完整性显示。

C3 区信息显示列车完整性。C3 区信息显示图标集如图 3-65 所示。

图 3-65 1 号线列车完整性显示图标

(4) C4 区列车制动状态显示。

C4 区信息表示列车制动系统的状态。C4 区信息显示图标集如图 3-66 所示。

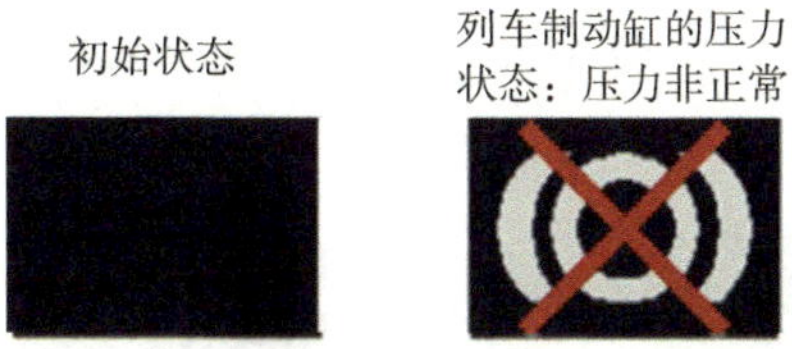

图 3-66 1 号线列车制动状态显示图标

(5) C5 区车载子系统状态显示。

C5 区信息表示车载子系统状态显示。C5 区信息显示图标集如图 3-67 所示。

图 3-67 1 号线车载子系统状态显示图标

4. D 区信息输入与显示

D 区点击后，通过人机界面完成数据输入，用于切换、改变和维护列车状态值的菜单按键。

5. M 区各操作分区说明

(1) M1 和 M2 区当前模式和级别显示。

M1 和 M2 区信息显示 OBCU 系统的当前驾驶模式和 Trainguard MT 系统的实际控制级别。如果没有可用信息，则显示空白背景。M1 和 M2 区信息显示图标集如图 3-68 所示。

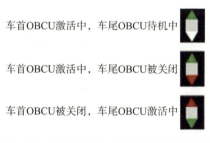

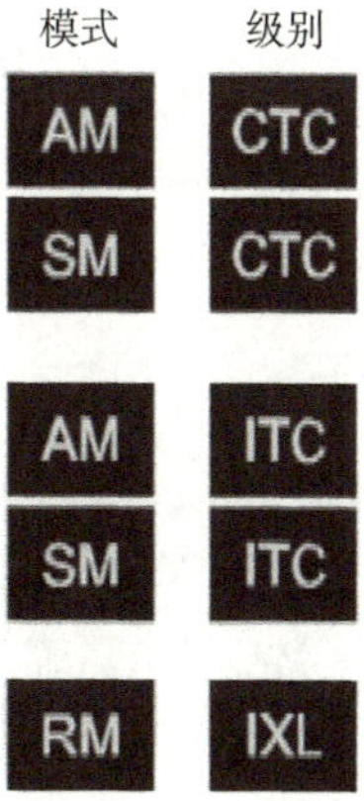

图 3-68 1 号线信号屏当前驾驶模式和实际控制级别显示图标

（2）M3 区折返操作显示。

M3 区信息显示折返操作模式。如果没有可用信息，则显示空白背景。M3 区信息显示图标集如图 3-69 所示。

图 3-69　1 号线信号屏列车折返操作显示图标

（3）M4 区停车精度显示。

M4 区信息显示车站中的停车精度。如果没有可用信息，则显示空白背景。M4 区信息显示图标集如图 3-70 所示。

图 3-70　1 号线信号屏列车停车精度显示图标

（4）M5 区车门状态图标显示。

M5 区信息显示车门状态。M5 区信息显示图标集如图 3-71 所示。

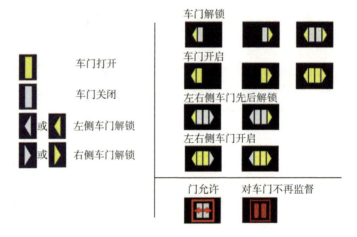

图 3-71　1 号线信号屏列车车门状态显示图标

（5）M6 区发车命令显示。

M6 区信息显示发车命令。M6 区信息显示图标集如图 3-72 所示。

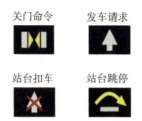

图 3-72　1 号线信号屏列车发车命令显示图标

（6）M7 区门模式显示。

M7 区信息显示门的模式信息。如果没有可用信息，则显示空白背景。M7 区信息显示图标集如图 3-73 所示。

图 3-73　1 号线信号屏门模式显示图标

（7）M8 区紧急情况显示。

M8 区信息显示滑行/空转、紧急制动及 PSD（站台屏蔽门）状态信息。如果没有可用信息，则显示空白背景。M8 区信息显示图标集如图 3-74 所示。

图 3-74　1 号线信号屏紧急情况显示图标

（8）M9 区故障显示。

M9 区信息显示已经发生的故障。如果没有可用信息，则显示空白背景。M9 区信息显示图标集如图 3-75 所示。

图 3-75　1 号线信号屏信号故障显示图标

（9）M10 区车辆段信息显示。

M10 区信息显示车辆段信息。如果没有可用信息，则显示空白背景。M10 区信息显示图标集如图 3-76 所示。

车辆段内驾驶
或未获得定位
进入车辆段
速度释放

图 3-76　1 号线信号屏车辆段信息显示图标

（10）M15 区按钮恢复状态显示。

M15 区信息显示按钮恢复状态信息。如果没有可用信息，则显示空白背景。M15 区信息显示图标集如图 3-77 所示。

按钮收到干扰
按钮恢复中
（红色边框闪烁）
BTN
BTN

图 3-77　1 号线信号屏按钮恢复显示图标

技能实训

实训1　运用电客车整备作业

一、实训内容

（1）检车路线训练。
（2）电客车整备作业流程。
（3）列车检查。

二、实训要求

（一）检车路线

司机检车路线如图3-78所示。

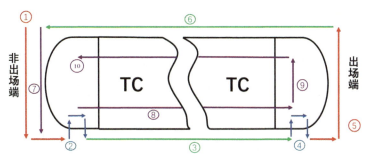

图3-78　司机检车路线图

（二）电客车整备作业流程

1. 激活状态的电客车整备作业

（1）确认电客车停放股道、车号正确，到非出场端司机室，确认无禁动牌和红闪灯，报场调，开始整备作业。

（2）检查电客车非出场端两侧地沟、车钩。

(3)检查右侧车体设备。

(4)出场端司机室确认无禁动牌和红闪灯,检查库门。

(5)检查电客车出场端两侧地沟、车钩。

(6)检查左侧车体设备。

(7)检查非出场端司机室静态。

(8)检查客室。

(9)检查出场端司机室静态,做功能试验。

(10)非出场端司机室功能试验,完成后回出场端,报场调整备完毕。

2. 未激活状态的电客车整备作业

(1)确认电客车停放股道、车号正确,到非出场端司机室确认无禁动牌、红闪灯、风压、电压、蘑菇灯,报场调开始整备作业。

(2)检查电客车非出场端两侧地沟、车钩。

(3)检查右侧车体设备。

(4)出场端司机室确认无禁动牌和红闪灯,检查风压、电压及蘑菇灯正常,确认受电弓开关在降双弓位,检查库门。

(5)检查电客车出场端两侧地沟、车钩。

(6)检查左侧车体设备。

(7)检查非出场端司机室静态,确认非出场端受电弓开关在升双弓位,无异常后,唤醒列车,恢复ATP。

(8)检查客室。

(9)检查出场端司机室静态,确认受电弓开关在降双弓位,无异常后,恢复ATP,等待120 s,开主控,将车辆屏调至牵引页面,通过侧窗探头确认两侧无人、无异物侵限,升双弓,至登乘梯平台处确认受电弓双弓实际升起,闭合高断,做动态试验。

(10)非出场端司机室动态试验,完成后回出场端,报场调整备完毕。

(三)列车检查

列车检查内容如表3-21所示。

表3-21 列车检查内容表

序号	检车程序	确认内容	
1	到达指定股道	确认列车停放股道正确	股道正确
2	到达非出场端司机室	非出场端确认车号、确认无禁动牌后,汇报场调开始整备列车	车号正确、无禁动牌;汇报场调,"×道×端××次××车开始整备作业",场调复诵

续表

序号	检车程序		确认内容
3	非出场端端部检查		两侧及地沟无人、无异物侵入限界，车钩在对中位
4	检查半自动车钩		半自动车钩外观良好、内部无异物、解钩手柄位置正确
5	检查右侧走行部	右侧走行部 Tc 车 4	主风管阀门在关断位、喇叭阀门在开通位、门好且锁孔位置正确、转向架下无异物、停放制动缓解拉手扣件位置正确、网关阀外观良好且接线无松脱、门好且锁孔位置正确、紧急解锁位置正确、门好且锁孔位置正确、转向架下无异物、停放制动缓解拉手扣件位置正确、主风管阀门在开通位
		右侧走行部 Mp 车 3	主风管阀门在开通位、门好且锁孔位置正确、升弓阀门在开通位、转向架下无异物、停放制动缓解拉手扣件位置正确、智能阀外观良好接线无松脱、门好且锁孔位置正确、紧急解锁位置正确、门好且锁孔位置正确、转向架下无异物、停放制动缓解拉手扣件位置正确、主风管阀门在开通位
		右侧走行部 Mp 车 2	门好且锁孔位置正确、转向架下无异物、停放制动缓解拉手扣件位置正确、智能阀外观良好接线无松脱、全功能气路板阀门位置正确、门好且锁孔位置正确、紧急解锁位置正确、门好且锁孔位置正确、车间电源箱盖锁闭、门好、锁孔位置正确、转向架下无异物、停放制动缓解拉手扣件位置正确
		右侧走行部 Tc 车 1	门好且锁孔位置正确、转向架下无异物、停放制动缓解拉手扣件位置正确、智能阀外观良好接线无松脱、全功能气路板阀门位置正确、门好且锁孔位置正确、紧急解锁位置正确、门好且锁孔位置正确、风缸模块无泄漏、阀门位置正确、空压机油位正确、阀门位置正确、门好且锁孔位置正确、转向架下无异物、停放制动缓解拉手扣件位置正确
6	到达出场端	确认库门开启情况	库门开启良好、插销插好
7	进入出场端司机室	确认有无禁动牌	司机室内无严禁动车牌
8	出场端端部检查	检查客车头部	车两侧及地沟无人、无异物侵入限界、车钩在对中位
9	检查半自动车钩		半自动车钩外观良好、内部无异物、解钩手柄位置正确。

续表

序号	检车程序		确认内容
10	检查左侧走行部	左侧走行部 Tc1	内容同右侧走行部 Tc 车 4
		左侧走行部 Mp2	内容同右侧走行部 Mp 车 3
		左侧走行部 Mp3	内容同右侧走行部 Mp 车 2
		左侧走行部 Tc4	内容同右侧走行部 Tc 车 1
11	非出场端司机室静态检查		司机室侧门开关锁闭良好（左侧），左侧开关门按钮外观良好； 紧急牵引开关在"0"位，洗车模式开关在"关"位，刮雨器控制开关在"OFF"位； 列车唤醒/睡眠开关在"0"位，司机室照明开关在"关"位，头灯开关在"亮"位； 受电弓控制开关在升"双弓"位，门模式选择开关在"AM"位； 蓄电池电压大于 84 V，气压正常； 除霜器开关在"关"位； 紧急制动按钮未拍下，客室照明开关在"开"位； 司机室侧门开关锁闭良好（右侧），灭火器有，摄像头外观良好，设备柜开关旁路、开关外观良好，空开位置正确，窗好，门好，隔间门开关锁闭良好，左侧设备柜锁闭良好
12	检查客室		客室清洁良好； LED 显示屏外观良好、显示正常（自出场端回非出场端时检查）； 左右设备柜盖板、侧墙盖板锁闭良好； 动态地图外观良好，显示正常（自出场端回非出场端时检查）； 车门指示灯外观良好，显示灭灯；窗好、门好、锁孔位置正确； 紧急呼叫盖板关闭； 紧急解锁盖板关闭； 广告牌外观良好； LCD 外观良好，显示正常（自出场端回非出场端时检查）； 灭火器有； 常用制动隔离阀（B05）盖板锁闭良好； 一位端设备柜锁闭良好； 二位端设备柜锁闭良好； 脚踏装置盖板锁闭良好
13	出场端司机室静态检查		同第 11 项"非出场端司机室静态检查"
14	出场端司机室动态试验	激活列车	合主控钥匙，换向手柄向前，控制手柄置于快速制动位，确认紧急制动缓解
		合高断	闭合高速断路器，确认高速断路器闭合绿灯亮，MMI 显示高断闭合
		确认电机自检	点击进入 MMI 牵引界面，确认牵引逆变器自检（自检期间，严禁操作任何设备）
		无线灯位	利用牵引逆变器自检时间，确认无线灯位显示正确，确认 MMI 显示牵引逆变器自检成功
		多功能广播盒	人工广播试验正常

续表

序号	检车程序		确认内容
14	出场端司机室动态试验	紧急牵引/拖行开关	将紧急牵引/拖行开关打至"紧急牵引"位,确认MMI屏上显示紧急牵引后,将紧急牵引/拖行开关恢复"0"位; 将紧急牵引/拖行开关打至"拖行"位,确认MMI屏显示救援牵引后将紧急牵引/拖行开关恢复"0"位
		洗车模式开关	将洗车模式开关打至"洗车"位,确认MMI屏上显示慢行牵引后,将洗车模式开关恢复"关"位
		泵水按钮	按下按钮,雨刮器喷水正常
		刮雨器控制开关	旋转开关,确认刮雨器工作
		警惕测试按钮	松开警惕按钮,按下该按钮确认紧急制动加
		灯测试	按压"灯测试"按钮,确认所有指示灯显示正常
		司机室照明	旋转按钮,确认司机室照明灯亮
		头灯照明调节	旋转按钮,确认头灯能远近调节
		ATC降级按钮	将HMI预选为AM-I,按压确认按钮并确认HMI预选为AM-I,当前模式为RM
		ATC升级按钮	将HMI预选为AM-C,按压确认按钮并确认HMI预选为AM-C,当前模式为RM
		降级确认按钮	与ATC升/降级按钮同步试验
		MMI状态确认	确认车辆显示屏各项内容状态显示均正常,依次包括:空调、辅助逆变器、车厢编号、车门状态、紧急通信、制动状态、牵引状态(电机自检完毕)、压缩机状态、受电弓/高速断路器状态、点击试验客室紧急广播(一条)、确认空调温度
		停放制动施加/缓解按钮指示灯	确认停放制动"施加"红色指示灯亮,停放制动"缓解"绿色指示灯灭,MMI显示停放制动施加;按压"停放制动施加/缓解"按钮,停放制动"缓解"绿色指示灯亮,"施加"红色指示灯灭,列车停放制动缓解
		客室照明开关	旋转至"开"位,客室照明正常打开
		开门按钮(侧墙)	MMI切换到车门界面; 按压"允许开门"按钮,按压"左/右开门"按钮,确认车门开启正常,警示声音响起; 车门打开后,探头确认车门开启,并确认MMI所有车门状态显示为"开门"状态图标
		关门按钮(侧墙)	按压"关门"按钮,确认车门关闭警示声音响起,探头确认车门关闭; 确认MMI显示所有车门"门关好"图标,相应侧关门指示灯灭,驾驶台上的"门关好"指示灯亮

续表

序号	检车程序		确认内容
14	出场端司机室动态试验	开门按钮（驾驶台）	与侧墙开门相同
		关门按钮（驾驶台）	与侧墙关门相同
		牵引/制动试验	换向手柄置"向前"位，控制手柄推向"牵引"区，但不得超过20%，确认列车动车后立即将控制手柄拉回"制动"区（动车前必须打开两侧司机室侧窗，确认无人、物侵限）；控制手柄推向"牵引"区，但不得超过20%，确认列车动车后立即将控制手柄拉回"快制"位；列车显示屏应无故障显示
15	非出场端司机室动态试验		同第14项"出场端司机室动态试验"
16	回到出场端	激活司机室，汇报场调整备完毕，等待出库	司机：场调，××道××车已撤除防护，制动试验良好，整备完毕；场调：××道××车已撤除防护，制动试验良好，整备完毕，场调明白

实训 2　电客车故障判断排查

一、实训内容

（1）判断故障现象。
（2）信息汇报。
（3）处置故障。

二、实训要求

（一）判断故障现象

整备作业期间，司机结合"灯、压、屏"显示，以及各旁路开关、断路器、按钮等状态，判断电客车是否发生故障。

（二）信息汇报

司机将故障信息汇报场调，汇报内容须包含车次、车号、股道、故障现象等，信息

汇报应遵循及时、准确、真实、持续的原则。

(三) 处置故障

(1) 司机按场调命令，根据各线路"电客车故障应急处理指南""信号设备故障处理指南"中的步骤进行故障处置。若故障为各线路"电客车故障应急处理指南""信号设备故障处理指南"之外的故障，司机可通过行调向轮值调度工程师请求技术支持；未得到轮值调度工程师技术支持前，司机可先凭经验进行积极处理。

(2) 司机将故障处置结果汇报场调，并按场调命令执行。

项目训练

一、填空题

1. 苏州轨道交通1号线电客车采用_____型车。
2. 列车构造速度为_____km/h。
3. 苏州轨道交通1号线电客车，每个_____车一位端车顶安装一台受电弓。
4. 司控器的控制手柄有："牵引"区、"0"位、"制动"区、"_____"位四个挡位。
5. 电客车制动控制是_____模式。

二、选择题

1. 使受电弓弓头在整个工作高度范围内保持水平状态的部件是（   ）。
   A. 拉杆　　　　　B. 平衡杆　　　　　C. 上臂杆　　　　　D. 液压阻尼器
2. 受电弓的额定工作电流为（   ）。
   A. 800 A　　　　B. 1 000A　　　　C. 1 200 A　　　　D. 1 500 A
3. 负责不带MVB接口的设备或子系统与车辆总线的通信的设备是（   ）。
   A. SKS　　　　　　　　　　　　B. 中继器
   C. MVB主干线　　　　　　　　　D. 车辆控制单元
4. 被定义为MMI主界面的是（   ）。
   A. "制动状态"画面　　　　　　　B. "牵引状态"画面
   C. "门状态"画面　　　　　　　　D. "列车编组"画面
5. 列车车轮防滑保护采用（   ）。
   A. "轴控"模式　　　　　　　　　B. "架控"模式
   C. "车控"模式　　　　　　　　　D. "列控"模式

三、判断题

1. 受电弓的气传动装置的最低工作压力为450 kPa。　　　　　　　　　（   ）
2. 车辆制动时，摩擦制动优先电阻制动。　　　　　　　　　　　　　（   ）
3. 一辆拖车和一辆动车组成一个列车单元。　　　　　　　　　　　　（   ）
4. 司控器的调速手柄与换向手柄之间设有电气联锁装置。　　　　　　（   ）
5. 司机显示器（MMI）有手动和自动两种亮度调节。　　　　　　　　（   ）

四、简答题

1. 简述电客车车辆组成。
2. 简述受电弓升弓条件。
3. 简述列车控制和管理系统（TCMS）的组成。
4. 简述 CBTC 信号系统防护原理。

项目四　车辆段列车运行

学习目标

(1) 掌握车辆段（车场）功能及其基本布置；
(2) 掌握车辆段主要行车技术设备的用途、结构组成；
(3) 掌握车辆段线路情况；
(4) 掌握车辆段行车组织方法。

技能目标

(1) 能驾驶列车出/入场；
(2) 能在车场进行洗车作业；
(3) 能在车场进行转轨作业；
(4) 能在车场进行连挂作业；
(5) 能在车场试车线进行调试作业。

知识学习

一、车辆段概况

车辆段是车辆的维护修理基地，也是车辆停放、运用、检查、整备和修理的管理单位，其设计水平的优劣直接影响到轨道交通系统的工作质量和运营效率。

（一）车辆段的功能

车辆段的主要功能有：

(1) 列车的停放、调车编组、日常检查、一般故障处理和清扫洗刷、定期消毒。

(2) 车辆的修理，包括月修、定修、架修与临修。

(3) 车辆的技术改造或厂修。

(4) 车辆段内通用设施及车辆维修设备的维护管理。

(5) 乘务人员的组织管理、出乘计划的编制，以及备乘换班等业务工作。

根据城市轨道交通线路的情况，有时可以另外设置仅用于停车和日常检查维修作业的停车场或定修段，管理上一般附属于主要车辆段，规模较小，其主要功能如下：

(1) 列车的停放、调车编组、日常检查、一般故障处理和清扫。

(2) 车辆的修理，主要为月修与临修。

(3) 附设工区管理乘务人员出乘、备乘轮班等。

（二）车辆段主要设备及线路

1. 车辆段主要设备

车辆段主要由列车停放区、车辆清洗区、检查和小修库、大修车间、机车库组成。

车辆段应有足够的停车场地，如图 4-1 所示为停车库，应确保能够停放管辖线路的回段车辆。车辆段的位置应保证列车能够安全、便捷地进入正线运行，并应尽量避免车辆段出入线坡度过大、过长。

车辆段的典型布置形式及其需要配置的主要设备详细内容可参阅相关资料。

图 4-1 车辆段停车库

2. 车辆段线路

车辆段根据生产需要和所担负的任务范围一般应设置下列线路：

(1) 连接线路：出入段线。

(2) 停放线路：列车停放线。

(3) 作业线路：列检作业线、月检作业线、定修线、临修线、架修线（或大架修线）。

(4) 辅助作业线路：外皮清洗线、吹扫线、油漆线、不落轮线。

(5) 试验线路：静态调试线、动态试车线。

(6) 辅助线路：调机停放线、牵出线、材料装卸线、回转线、干线铁路联络线、救援列车线等。

(三) 车场线路及轨道类型

1. 车场线路

(1) 停车线：是专供列车停放的线路。停车线通常铺设于室内，又称为停车库。

(2) 检修线：是专门对车辆进行检修的线路，也有直接把带检查坑的停车线作为临时检修线的。专门的检修线通常铺设于室内，称为检修库。

(3) 试车线：专门对新车或检修列车进行动态调试的线路。

(4) 出入场线：连接正线和站场线，是列车往返车场与正线的必经线路。

除以上主要车场线路外，还有为进行列车连接、摘挂与解体作业的调车线；设在站场的一端，作为临时牵出车辆的牵出线；供车辆装卸货物的材料线；停放特种车辆的特种线；还有静调线、洗车线、镟轮线及联络线等。其中有些线路铺设于室内，如特种停车线、静调线、洗车线、镟轮线等。

车场线路中，停车线、检修线、洗车线、镟轮线、静调线等与列车检修有关的线路一般都设置为库内线路，其余为露天线路。库内线路一般为整体道床，大体上分为三种类型，第一类是一般整体道床，第二类是带检查坑的整体道床，第三类为立柱支撑块式轨下道床。露天线路多为木枕或混凝土枕普通碎石线路。

2. 轨道类型

出入场线及试车线，采用 60 kg/m 钢轨；其他线路主要用于调车作业，其运行速度较低，所以一般选用 50 kg/m 的钢轨。

二、轨道交通线路

城市轨道交通线路是由各种不同材料的部件所组成的具有规定强度和稳定性能，保证列车以规定的速度平稳、安全、正点和不间断地运行的整体工程结构。

随着轨道交通的迅速发展，轨道交通线路的构成已不再局限于传统的铁路结构，像磁悬浮交通（以高架为主）及跨座式单轨交通（高架、地面、地下都可采用）采用桥梁为列车走行基础；而现代城市有轨电车交通（以地面为主）采用的单轨结构也与传统的轨道结构有非常大的区别。但不管是磁悬浮交通、跨座式单轨交通还是现代城市有轨电车交通，其轨道结构相对于传统轨道结构而言比较简单。故在本节主要介绍传统的铁路轨道，它不但结构复杂、零配件众多，而且在国内外城市轨道交通中被普遍采用。

传统的轨道结构一般由钢轨、轨枕、道岔、道床、联结零件和轨道加强设备等组成，是城市轨道交通列车行车的基础，是城市轨道交通运营的重要设备之一。其作用是引导机车车辆的运行，直接承受机车车辆车轮的垂直力和水平力，还承受机车车辆弹簧震动而产生的冲击力,列车运行及制动时所产生的纵向力,因机车车辆摇晃而引起的及列车通过曲线时所产生的侧向推力。此外还受雨、雪、风及气温变化的影响。温度应力式无缝线路还承受一定的温度应力,并把这些力均匀地传给路基和桥隧建筑物。

(一) 线路的类型和基本组成

城市中心区域往往建筑物林立、街道繁华、交通繁忙且比较拥挤;由中心城区向外,建筑和道路逐渐减少,空间逐渐开阔;城市最外圈一般都比较空旷。城市的这些特点决定了城市轨道交通线路的铺设主要有三大类型:地下线路、地面线路和高架线路。

1. 地下线路

如图4-2所示,地下线路铺设于隧道内。隧道的开挖一般有明挖法和暗挖法两种施工方法。其中暗挖法包括盾构法,盾构法又分为单圆盾构、双圆(双线)盾构。目前我国普遍采用单圆盾构法进行隧道施工。隧道又有圆形隧道和矩形隧道之分,一般区间隧道为圆形隧道,站台两端为矩形隧道。

地下线路可采用混凝土整体道床或与普通铁路相同的碎石道床。在世界城市轨道交通发展的初期,一般沿袭铁路的做法采用碎石道床;随着城市轨道交通的发展,为适应城市的特点,逐渐采用整洁美观、结构稳定的混凝土整体道床。地下线路主要由隧道、整体道床侧沟、轨枕(混凝土长枕、混凝土短枕)、支撑块等钢轨、扣件、钢轨联结零件等组成。

图4-2 地下线路

2. 地面线路

地面线路如图4-3所示,普遍采用碎石道床,碎石道床一般由石碴层和黄砂层组成,也有单铺设石渣层。地面碎石道床线路,其造价便宜,道床弹性较好,但稳定性较差,运营时的噪声比较大。

地面线路主要由路基、碎石道床、侧沟、轨枕(木枕、混凝土枕等)、钢轨、扣件、钢轨联结零件等组成。

图4-3 地面线路

3. 高架线路

如图 4-4 所示，高架线路铺设于城市高架桥面之上，一般沿城市道路一侧或中央铺设。桥面轨道线路一般可采用混凝土整体道床或碎石道床。

城市轨道交通高架桥，由于其长度远远大于一般意义上的桥梁，考虑到线路和超长桥梁之间的相互影响，为确保桥梁和线路的稳定性，城市轨道交通高架线路普遍采用混凝土整体道床。高架线路结构稳定，比地面线路占地少，但影响城市景观，容易受城市道路规划影响，噪声也比较大。

图 4-4 高架线路

高架线路主要由高架桥、整体道床、侧沟混凝土支撑块、钢轨、扣件、钢轨联结零件等组成。

（二）轨道交通线路设备

1. 轨道交通线路的基本结构

（1）钢轨。

钢轨是轨道最重要的组成部件，它直接承受列车的荷载，依靠钢轨头部内侧面和机车车辆轮缘的相互作用，引导列车运行，依靠它本身的刚度和弹性把机车车辆荷载分布开来，传递给轨枕。

钢轨分轨头、轨腰和轨底三部分。轨头具有足够的表面面积及厚度，以延缓轨头压溃和磨耗；轨底为分布压力及保持稳定，应具有一定的宽度；轨腰主要承受剪力，可使钢轨具有较大的竖向刚度。钢轨横截面为工字形截面，如图 4-5 所示，不同类型钢轨横截面的各部分尺寸不同。

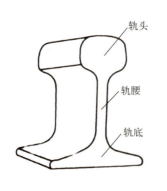 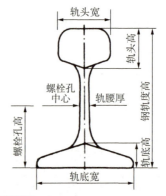

图 4-5 钢轨横截面

钢轨折断，由于其发生的突然性和后果的严重性，是所有钢轨伤损中最为严重的病害,但其只有在各种最不利条件集中在一起的情况下才可能发生,所以在城市轨道交通中较少见。而其他伤损都有一个较长的发展过程,也不至于立刻对行车造成影响,但其往往是导致钢轨折断不可或缺的因素,且它们是可预见和可控的,所以更被专业人员所重视。

(2)轨枕及扣件。

① 轨枕。

轨枕是轨下基础部件之一,它的功用是支撑钢轨,保持轨距和方向,并将钢轨对它的各项压力传递到道床上。

轨枕分为木枕和钢筋混凝土枕,这两种轨枕主要用于停车场和地面线的碎石道床。

② 扣件。

扣件是钢轨与轨枕或其他轨下基础部件的重要联接零件,它的作用是固定钢轨,阻止钢轨纵向和横向位移,防止钢轨倾斜,并能提供适当的弹性,将钢轨承受的力传递给轨枕或道床承轨台。

扣件由钢轨扣压件和轨下垫层两部分组成。扣压件的作用主要是固定钢轨,限制钢轨前后、左右、上下的移动,保持轨道的几何尺寸。轨下垫层的作用主要是为轨道提供足够的弹性,同时辅助扣压件固定钢轨。

目前在国内城市轨道交通中使用的扣件大致可分为传统扣件(图4-6)、DT系列扣件、WJ系列扣件、弹簧扣件和减震扣件五种。

(a)弹条式扣件　　　　(b)板式扣件　　　　(c)其他传统扣件

图4-6　传统扣件

(3)道床。

道床是铺设在路基之上、轨枕之下的结构层,它主要有承受并传递荷载、稳定轨道结构的作用。道床从结构和形式上可分为碎石道床和整体道床两种。

① 碎石道床。

碎石道床的特点是结构简单,容易施工,减震、减噪性能较好,造价低;但其轨道建筑高度较高,易造成结构底板下降,加大隧道的净空,排水设施复杂,养护工作频繁,更换轨枕困难。道床作业时,粉尘飞扬,危害工作人员健康。因此,城市轨道交通的隧道内不采用碎石道床,而采用整体道床。高架混凝土桥面上的轻轨线也不采用碎石道床,而采用新型的道床形式，以减少桥面荷载，在减少维修工作量的同时还可避免列车运行时石子飞落桥面，伤害行人。一般在地面线及停车场道岔区域，采用木枕或钢筋混凝土枕的碎石道床。

碎石道床的材料有碎石、熔炉矿碴、掺有碎石的筛选卵石、卵石含量达50%以上的天然含砂卵石及粗砂和中砂等。城市轨道交通一般采用碎石，也有用粗砂或中砂作为道床垫层。

碎石道碴作为轨道道床的材料一般有三种规格：25～70 mm 标准道碴，15～40 m 中碴，3～20 mm 细碴。

② 整体道床。

整体道床也称无碴道床，其优点是整体性好、坚固、稳定、耐久；轨道建筑高度小，减少了隧道净空，轨道维修量小，适应地铁和轻轨交通运营时间长、维修时间短的特点。但其缺点是弹性差，列车运行引起的震动、噪声比较大，造价比较高，施工时间长。

整体道床主要有无枕式整体道床、轨枕式整体道床、弹性整体道床等类型。

• 无枕式整体道床。该类道床没有专门的轨枕，而是将扣件或扣件预埋件直接埋设于钢筋混凝土道床的混凝土支撑块或混凝土立柱等混凝土结构内。这种道床多见于城市轨道高架线路和停车场整体道床线路。

• 轨枕式整体道床。轨枕式整体道床可分为短枕式和长枕式两种。

短枕式整体道床的短轨枕在工厂预制，其横断面为梯形，底部外露钢筋钩，以加强道床混凝土的联结。这种道床稳定、耐久，结构简单、造价较低、施工容易、进度较快。

长枕式整体道床一般长轨枕预留圆孔，道床用纵向筋穿过，加强了与道床的联结，使道床更坚固、稳定和整洁美观。这种道床适用于软土地基隧道，可采用轨排法，施工进度快，施工精度亦容易得到保证。

• 弹性整体道床。目前国内主要铺设的弹性整体道床，是浮置板式整体道床。这种道床是在浮置板下面及两侧设有橡胶垫，减振效果明显。但浮置板较重，需要较大吊装机具，施工进度难以保证，更换底部橡胶垫困难，大修时要中断地铁正常运营，造价也高。而且根据新加坡地铁的使用经验，发现浮置板式道床对隧道外减振效果明显，但地铁车厢内振动和噪声较大，超过了环境保护的标准。

由于整体道床和碎石道床弹性不同，在两者的交界处需设置弹性过渡段。弹性过渡段可以是整体道床，也可以是碎石道床。北京地铁一、二期工程采用梯形短木枕拼装式整体道床作为过渡段，上海地铁采用厚度渐变的碎石道床作为过渡段。以上两种过渡段形式都能很好地抵消弹性突变，效果良好。

2. 曲线

（1）曲线基本概念。

曲线是轨道的薄弱环节之一。城市轨道交通线路由一个方向转向另一个方向，由一

个坡度转向另一个坡度时必须圆顺过渡，其间以平面曲线连接。平面曲线由缓和曲线和圆曲线组成，即在直线与圆曲线间用缓和曲线连接。本节主要介绍平面曲线，简称"曲线"，如图4-7所示。

（2）圆曲线。

① 按曲线半径的数目，圆曲线分为单曲线、复曲线。单曲线是只有一个半径的圆曲线。复曲线是转向角方向相同、直接或用缓和曲线连接的几个不同半径的圆曲线。

② 按相邻两曲线的转向角方向，圆曲线分为同向曲线、反向曲线。同向曲线的两相邻圆曲线转向角方向相同，反向曲线的两相邻圆曲线的转向角方向相反，反向曲线一般也称S曲线。一般条件下，两相邻曲线间夹直线最小长度应不小

图4-7 曲线

于50 m。城市轨道交通因受到城市空间限制，两曲线间的夹直线可放宽至不小于30 m。

（3）缓和曲线。

缓和曲线是直线与圆曲线之间的过渡曲线，其半径由无限大逐渐过渡到圆曲线半径。缓和曲线一般应满足曲线超高、顺坡、轨距加宽递减及曲线正矢均匀变化的要求。缓和曲线长度应根据曲线半径、行车速度和地形条件选用，一般来讲，曲线半径大，缓和曲线可以选择短些；反之，则选择长些，有条件时尽量采用较长的缓和曲线。

3. 道岔

（1）道岔的定义。

道岔是引导车辆由一条线路转向另一条线路的过渡设备，是轨道线路的重要组成部分。道岔构造复杂，也是线路的薄弱环节之一。

（2）道岔的种类。

道岔按其用途和结构分为单式道岔、复式道岔、交分道岔、渡线等。

① 单式道岔。

使一条线路通向两条线路的道岔叫作单式道岔。它包括下列几种类型：普通单开道岔、单式不对称道岔（又称异向道岔）、单式同侧道岔。

普通单开道岔保持主线为直线，侧线在主线的左侧或右侧岔出（面对道岔尖端而言）。侧线向右侧岔出的，称为右向单开道岔，简称"右开道岔"，如图4-8所示。侧线向左侧岔出的，称为左向单开道岔，简称"左开道岔"。

图4-8 右开道岔

② 复式道岔。

为了节省用地、缩短线路总长，或由于地形限制，道岔铺设位置不能按照一前一后逐组错开铺设，必须把一组道岔纳入另一组道岔内，由此形成复式道岔。复式道岔分为复式对称道岔（又称三开道岔）和复式异侧不对称道岔（又称不对称三开道岔）。

③ 交分道岔。

两条线路相互交叉，列车不仅能够沿着直线方向运行，而且能够由一条直线转入另一条直线，这种道岔叫作交分道岔。交分道岔又分为单式交分道岔和复式交分道岔。

- 单式交分道岔：两条线路相交，中间增添两副转辙器和一副连接曲线，列车沿某一侧由一条线路转入另一条线路，这种道岔叫作单式交分道岔。
- 复式交分道岔：两条线路相交，中间增添四副转辙器和两副连接曲线，列车能沿任何一侧由一条线路转入另一条线路，这种道岔叫作复式交分道岔。

④ 渡线。

渡线是利用道岔或利用固定交叉连接两条相邻线路的设备。

(3) 道岔的组成。

城市轨道交通中普遍采用普通单开道岔。一组普通单开道岔由转辙器、连接部分、辙叉及护轨组成。

① 转辙器。

转辙器是引导车轮进入道岔不同方向的设备，其作用是将尖轨置于不同的位置时，使列车沿着直向或侧向运行。转辙器主要包括两根基本轨、两根尖轨、联结零件及根部结构等。

基本轨是道岔中接触尖轨和靠近护轨的钢轨。尖轨是转辙器中的重要部件之一。尖轨是用与基本轨同类型的标准钢轨或特种断面钢轨刨切而成。尖轨的作用是依靠其被刨尖的一端与基本轨紧密贴靠，以正确引导车轮的运行方向，列车靠它引进在直股或侧股线路上。

② 连接部分。

转辙部分和辙叉部分的连接轨道称为连接部分。它包括四股钢轨，即两股直线钢轨和两股曲线（道岔曲股连接部分为导曲线）钢轨重叠组成。

③ 辙叉及护轨。

辙叉是道岔中两股线路相交处的设备，其作用是使列车能够按确定的行驶方向跨越线路正常地通过道岔。辙叉的分类有3种：钢轨组合式、高锰整铸式和可动心轨式。城市轨道交通普遍使用高锰整铸式辙叉（图4-9）。

护轨与辙叉的配合有以下两方面的作用：一方面

图4-9　高锰整铸式辙叉

是控制车轮的运行方向，使之正常通过"有害空间"而不错入轮缘槽；另一方面是保护辙叉尖端不被轮缘冲击撞伤。

4. 线路附属设施、设备

（1）挡车器。

在城市轨道交通主要车站的折返线、正线尽头线或停车场线、试车线等重要线路的终端，为了最大限度地增加安全性，防止在遇到特殊情况时列车冲出线路，所以都安装了挡车器。挡车器要求性能优良、外形美观、安全可靠，目前主要有液压缓冲挡车器、滑移式缓冲挡车器和固定挡车器等。

① 液压缓冲挡车器（DDCQY型）适用于城市轨道交通地下线路的折返线、尽头线及尽头式车站等场合。液压缓冲挡车器可以降低城市轨道交通地下线路工程的综合造价；它还具有自动复位及事故报警、记录等功能，从而可以缩短事故处理、恢复运营通车的时间，并同时记录、储存事故发生的时间、肇事车辆的速度等数据。

② 滑移式缓冲挡车器（DDCQ型）如图4-10所示，适用于城市轨道交通高架及地面线路的折返线、尽头线，车辆段及停车场实验线路的尽头等场合。其允许最大冲撞速度不应小于15 km/h。

③ 固定挡车器（XCD型）与滑移式缓冲挡车器配套使用。其允许最大冲撞速度不应小于5 km/h。图4-11为固定车挡。

图4-10　滑移式缓冲挡车器

图4-11　固定挡车器

④ 停车场库内挡车器（CDKN型）适用于停车场及车辆段等检修库、停车库内线路的尽头等场合。其允许最大冲撞速度不应小于3 km/h。

⑤ 场库外挡车器（CDKW型）适用于停车场及车辆段等调车作业线路的尽头等场合。其允许最大冲撞速度不应小于5 km/h。

（2）限界。

限界是指列车沿固定的轨道安全运行时，所需要的空间尺寸。城市轨道交通车辆在隧道内或高架上运行，一方面，隧道或高架要有足够的空间，配置线路结构、通信、信号、供电、给排水等设备以供车辆通行；另一方面，为了确保列车运行安全，凡接近城市轨道交通线路的各种建筑物及设备，必须与线路保持一定的距离。因此，限界主要分为车辆限界、设备限界、建筑限界、受电弓限界等，起控制作用的主要是设备限界和建筑限界。

① 车辆限界是根据车辆的轮廓尺寸,考虑其弹簧挠度、各项间隙、磨耗、误差等技术参数的影响,在对车辆在运行中可能出现的最大横向和竖向的偏移进行分析计算后确定的。

② 设备限界是在车辆限界的基础上,考虑轨道的轨距、水平、方向、高低等在某些地段出现最大容许误差时,引起车辆的附加偏移量,以及在设计、施工、列车运行中不可预计的因素在内的安全预留量。设备限界是一条轮廓线,所有固定设备及土木工程的任何部分都不得侵入此轮廓线内,它是保证城市轨道交通系统中的列车等移动设备在运营过程中的安全所需要的限界。

③ 建筑限界是指在行车隧道和高架桥等结构物的最小横断面所形成的有效内轮廓线基础上,再考虑其施工误差、测量误差、结构变形等因素,为满足固定设备和管线安装的需要而确定的限界。换言之,建筑限界以内、设备限界以外的空间主要是为各类误差、设备变形和其他管线安装所预留的空间。

④ 受电弓限界是根据车辆、轨道、接触网的触线、动态电间隙、各项公差等进行计算确定的。

上述限界,一般是按车辆在平直线轨道上运行时制定的,对于曲线和道岔区的限界,一般应在直线地段限界的基础上,根据车辆的有关尺寸及不同的曲线半径、超高、道岔类型等,再分别考虑适当的加宽和加高量。

限界越大,安全度越高,但工程量和工程投资也随之增加。因此,合理限界的确定,既要考虑保证列车运行的安全,又要考虑系统建设的成本。图 4-12 为限界示意图。

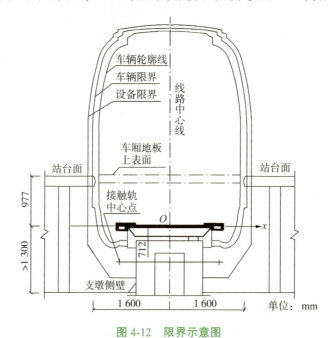

图 4-12　限界示意图

（3）线路标志。

线路标志是用以表明线路状态和位置的指示设备。信号标志是用以表示线路状态、道岔位置、站界、运行环境等的指示设备。

① 线路标志的种类。

线路标志有公里标、半公里标、百米标、曲线标、圆曲线和缓和曲线始终点标、竖曲线始终点标、坡度标等。信号标志有站界标、鸣笛标（图4-13）、停车标（图4-14）、警冲标（图4-15）、减速地点标等。

图4-13　鸣笛标

图4-14　停车标

图4-15　警冲标

② 线路标志的设置。

线路标志、信号标志一般都设在距钢轨头部外侧不少于2 m处；不超过钢轨顶面的标志，可设在距钢轨头部外侧不少于1.35 m处。

线路标志、信号标志，按计算公里方向设在线路右侧。双线区段需分别设线路标志时，应设在列车运行反向右侧。其中：

● 公里标、半公里标，设在一条线路自起点计算每一整公里、半公里处。

● 曲线标，设在曲线中点处，其面向线路的侧面，标明曲线中心里程（朝向为里程数字字头朝向，为计算公里方向）、半径大小、曲线和缓和曲线长度，以及曲线超高和加宽值。

● 圆曲线和缓和曲线始终点标，设在直缓、缓圆、圆缓、缓直各点处，标明方向为直线、圆曲线或缓和曲线，在曲线两端直缓（直圆）、缓直（圆直）标志背向线路的侧面，标明曲线长、缓和曲线长和曲线半径。

● 坡度标，设在线路坡度的变坡点处，两侧各标明其所向方向的上、下坡度值及其长度。面向线路的侧面标明变坡点里程，其变坡点里程数字字头应朝向计算公里方向。

● 警冲标，是用来指示在轨道上行驶的车辆停车时，不准向道岔方向或线路交叉点方向越过，以防止停留在该线上的车辆与邻线上的车辆发生侧面冲撞的标志。警冲标设在会合线路两线间距为4 m的起点处，中间有曲线时，按限界加宽办法加宽；两线间距不足4 m时，应设在两线最大间距的起点处中间。

(三) 轨道几何形位

轨道几何形位是指轨道各部分的几何形状的相对位置和基本尺寸。轨道几何形位是否正确，直接影响到城市轨道交通的运营安全、旅客的乘车舒适度，以及线路设备的使用寿命和养护费用。

轨道几何形位的基本要素有轨距、水平、高低、轨向等。

1. 轨距

轨距是指轨道上两股钢轨头部内侧顶面以下一定距离（城市轨道交通与国家铁路都采用 16 mm）处，两作用边之间的最短距离。世界各国城市轨道交通采用不同的轨距标准，而采用最多的为 1 435 mm，称为标准轨距。美洲、欧洲的大部分国家及亚洲、非洲的部分国家都采用标准轨距。轨距大于 1 435 mm 的称为宽轨距，有 1 520 mm（也有 1 524 mm）、1 600 mm、1 676 mm 等标准，苏联、印度、澳大利亚等国采用宽轨距。轨距小于 1 435 mm 的称为窄轨距，有 1 067 mm、1 000 mm、762 mm 等标准，窄轨距除少数国家采用外，多见于厂矿企业内的铁路。我国城市轨道交通普遍采用和国家铁路一致的标准轨距。轨距用轨距尺（也叫道尺）进行测量，通常每 6.25 m 检查一处。轨距误差，规定宽不得超过 6 mm、窄不得超过 2 mm，所以在线路直线部分，轨距应不大于 1 441 mm 不小于 1 433 mm。

2. 水平

水平是指轨道上两股钢轨顶面的相对高低。轨道的水平必须满足一定的要求，在直线上保持同一水平，在曲线上满足均匀和平顺的要求。水平也用轨距尺与轨距同步进行测量。正线水平误差不得大于 4 mm，站线及其他线不得大于 6 mm。

3. 高低

高低是指一股钢轨纵向的相对高低。轨道高低必须满足平顺要求，以减少列车对轨道的冲击，确保运营的安全和旅客的舒适。高低用 10 m 弦线在钢轨顶面中间测量最大矢度，最大矢度是弦线与钢轨顶面之间的距离最大者。高低差用 10 m 弦线测量误差不得超过 4 mm。

4. 轨向

轨向是指一股钢轨作用边的走向，也称方向。轨道方向要求直线段，平直、曲线段圆顺。直线段轨向用 10 m 弦线在钢轨顶面以下 16 mm 作用边处测量矢度，其允许误差正线不得超过 4 mm，站线及专用线不得超过 6 mm。曲线段轨向用 20 m 弦线在钢轨顶面以下 16 mm 作用边处测量矢度，称为正矢，其误差按曲线正矢误差规定执行。

三、车辆段行车组织

（一）车辆段行车组织基本要求

1. 电客车或工程车出回场作业

车场内应优先保障电客车或工程车出回场作业，必要时场调有权停止或调整影响出回场作业的其他作业，其他作业部门必须做好配合。有车出场或回场期间不得利用行车间隔进行交叉调车作业，避免影响出回场作业或造成调车冲突。若有影响出回场作业的调车作业未完成，调车作业领导人应暂停调车作业，做好安全防护，待出回场作业结束后再完成调车作业。

2. 库内外线路的行车指挥

除管辖权完全划归车辆部门的线路（具体在各车场运作手册中规定）外，其余库内外线路的行车指挥由场调负责。凡需进入场调管辖线路或影响场调管辖线路行车时，必须经场调同意，在场调管辖线路上，车组动车必须按照调车或施工作业组织。

3. 车辆段行车组织中对场调、调车员或司机的要求

（1）场调应掌握场内各线路的车辆分布情况，并同步在占线板上记载现车位置、车种、数量，调车作业完毕或者暂停后，应及时整理、核对占线板车辆占用情况。

（2）场调在作业前必须双人核对作业计划正确，确认作业条件满足、办理的进路与计划一致且信号正常后向司机发布动车命令。场调应加强对电客车、工程车运行情况的监视跟踪，如有危及行车安全情况，立即命令司机停车。

（3）调车员或司机在作业前必须认真核对作业计划，严格遵守调车作业有关规定及作业标准。在运行过程中遇到信号显示不明、灭灯的信号机或者危及行车安全的情况时，司机必须立即停车并报告场调。

4. 关于场调报点的规定

（1）《列车运行图》规定的电客车发车或者到达后，场调向进出车场站报到发点，加开车组出回场时还要向行调报点。

（2）场调执行报点时要每项作业逐一报点，严禁多项作业批量报点。

（二）车辆段行车组织指挥架构图

车辆段的行车组织指挥架构如图 4-16 所示。

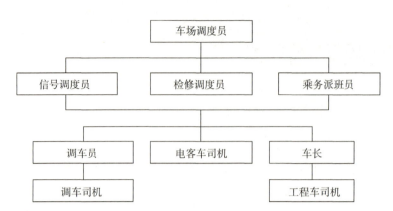

图 4-16　车辆段行车组织指挥架构图

（三）全自动运行行车组织相关要求

1. 全自动运行行车要求

（1）全自动运行系统应最大程度地实现行车指挥和列车运行自动化。原则上在系统正常运行的工况下，无须人工介入操作。具备在远程功能的情况下，优先采用远程处置，若远程处置无效或必须人工处置时，应安排工作人员现场进行处置。

（2）全自动运行系统基于《运营时刻表》，关联列车运行基础设施及客运服务设备设施作业流程，实现列车及相关服务设备综合自动控制。

2. 人员防护开关（SPKS）使用要求

（1）SPKS 分为就地级、远程级。就地级设置在站台设备区通道及车场防护区域入口处，远程级设置在车站控制室及车场调度室。原则上优先使用就地级操作。

（2）SPKS 在正线中断抢修、夜间施工（动车作业除外）、车场自动化区域施工（动车作业除外）、检修、抢修，自动化区域司乘人员及检修人员上车时使用，使用前须得到授权。

（3）SPKS 应遵循"谁使用谁设置"的原则，防护自身安全。由他人协助设置、恢复时，必须做好联控。

（4）SPKS 的使用采用挂锁方式，机械锁配置在现场 SPKS 开关箱，不使用时保持开锁状态。站台 SPKS 开关箱固定配置一套机械锁，钥匙由车站保管。车场 SPKS 开关箱按专业配锁，同专业不同地点的锁和钥匙通用，不同专业的锁和钥匙不通用，锁和钥匙由专业人员随身携带，车场调度室备用一套所有专业的钥匙。

（5）正线施工作业时（动车作业除外），由第一个进入该防护区域的作业人员设置并挂锁。作业人员在进入下一个防护区域前，经落轨梯设置防护并挂锁或确认已挂锁。行车值班员确认本站范围内（本站请销点及作业区域涉及本站的）所有作业（含人工挂拆地线、临时下轨行区等作业）均已销点、人员出清后，即可撤除本站所有防护。

（6）正线中断抢修时，由现场负责人负责设置 SPKS 并挂锁，机械锁和钥匙随现场负责人移交同步交接。抢修结束后，由现场负责人恢复 SPKS，并交还钥匙。

（7）司机上自动化区域库内列车时，按出勤顺序先后由后车司机作为前车司机的防护员或由机动人员作为司机的防护员协助设置 SPKS，司机上车后须电台联控防护员，恢复 SPKS。如遇特殊情况，由场调远程协助 SPKS 的操作。

（8）站务人员进出站台及附近轨行区，由站务人员操作防护开关。

（9）降级列车运行至须使用 SPKS 防护的区域内，禁止操作 SPKS，待降级列车驶离 SPKS 防护区域，方可操作。

（10）车场施工、检修、抢修作业由作业人员各自挂锁，第一个进入该防护区域的作业人员设置并挂锁，后续作业人员确认已挂锁后再自行挂锁。人员出清时，各自撤除机械锁，撤除最后一把机械锁的作业人员恢复 SPKS。

（11）正线 A1 类及车场 B1 类施工作业无须设置 SPKS 防护。

（四）车场自动化区域管理要求

（1）自动化区域内优先办理列车进路，车组按照规定的行车闭塞法、驾驶模式运行。

（2）人员和设备进入车场自动化区域内及自动化区域内停放的运用车，均须得到场调授权，按照指定路径进入。

（3）SPKS 防区内无行车计划后，该防区内的运用车可转为非运用车。

（4）车场自动化区域施工采用"开天窗"方式。

（5）运用车由调度中心负责管理，非运用车由车辆中心负责管理。

技能实训

实训1 列车出回场作业

一、实训内容

(1) 列车出场作业程序。
(2) 列车回场作业程序。

二、实训要求

(一) 列车出场作业程序

(1) 司机提前到派班室记录注意事项,登记出勤,领取时刻表、手持台、司机报单。

(2) 司机领取《运用电客车状态卡》及钥匙。

(3) 停车股道整备作业。列车进行静、动态检查,司机在整备作业或运行过程中若发现电客车故障及时汇报场调。

(4) 司机在电客车出场前30 min进行整备作业,在电客车规定出场时间前10 min完成车组整备,确认列车状态符合正线服务要求,在状态卡上填写出库公里数和出库时间、列车号、股道号、司机等项目。司机报告场调列车整备完毕,在发车端司机室等待发车命令。

(5) 联控完毕,手指口呼确认进路正确后,司机按照场调口头指令及信号显示驾驶车组运行。

(6) 转换轨一度停车后,司机应确认当前驾驶模式及车载台在正线组,将手持台置于正线组,并优先使用车载台联系行调。

(二) 列车回场作业程序

(1) 司机按《运营时刻表》确认回场车次、目的地正确。

(2) 司机在对接车场的车站播放清客广播,关客室照明灯,确认车站"好了"信号并关门，在客室再次确认清客完毕。

（3）列车按推荐速度运行至转换轨停稳后，报场调。

（4）司机应在得到场调动车指令后，手指口呼确认进路正确，匹配至相对应模式，运行中遇一度停车牌或平交道口时，司机必须在牌前及道口一度停车。

（5）在库内对标停稳后，司机填写好两端《运用电客车状态卡》，关闭负载，在出场端施加防溜后关闭主控并报场调。

实训 2　列车调车方式出回场作业

一、实训内容

（1）调车方式出场。
（2）调车方式回场。

二、实训要求

（一）调车方式出场

（1）司机接场调口头调度命令，确认当前驾驶模式及预选模式为 RM 模式。

（2）沿途凭调车信号机开放，运行至出场信号机前停车，凭场调命令越过出场信号机红灯。

（3）司机运行至转换轨时必须一度停车，与行调联系并进行通信测试，确认进路安全后，以自行 RM 模式动车。

（4）司机沿途注意确认道岔位置正确、进路安全。

（5）列车在始发站站台停稳后，立即汇报行调。

（二）调车方式回场

（1）回场列车在终点站执行清客作业。

（2）司机接到调车方式回场的命令后，确认当前驾驶模式及预选模式为 RM 模式。

（3）司机凭车站行值的口头命令及站台显示的发车手信号，以 RM 模式动车（不需再申请 RM 模式动车）。

（4）司机沿途确认道岔位置正确、运行进路安全，车站与转换轨间遇红灯可正常越过（回场信号机除外）。

(5) 司机运行至转换轨时必须一度停车，与场调联控确认回场路径一致后，凭回场信号机开放动车，沿途确认调车信号机开放回场。

(6) 回场信号机至库内停稳，沿途遇信号机红灯，司机立即停车汇报场调并按令执行；在指定股道停稳后，立即汇报场调。

实训 3　车场洗车作业

一、实训内容

回库洗车作业程序。

二、实训要求

(1) 司机在转换轨停车，报场调运行至洗车库前停车。

(2) 司机联系洗车库工作人员，确认洗车类型（有/无端洗）；检查两端司机室，确认两侧门、窗是否关好；若有端洗，则将两端司机室刮雨器置于对中（WM）位。

(3) 将操作端驾驶模式置于洗车位。

(4) 司机凭洗车库工作人员的指令及信号表示器显示的绿灯信号开始洗车（信号设备故障时禁止洗车）；运行中加强瞭望（限 3 km/h），并注意洗车设备状况；遇异常情况，及时停车并联系场调。

(5) 前、后端洗时，司机应对准"停车牌"停车，对标不准时，应及时与洗车库工作人员联系并按其指令执行。

(6) 洗车作业完毕后在规定位置停车并联系场调，恢复正常驾驶模式，严格执行"问路式"调车，根据场调口头命令，并确认调车信号机开放后动车回库。

实训 4　车场内转轨作业

一、实训内容

车场内转轨作业。

二、实训要求

(1) 司机接到派班室的通知后，带好行车备品（手持台、手电筒、车场图等）。

（2）司机至场调处领取调车作业单及《非运用电客车状态卡》，明确作业内容及列车停放股道，了解车辆状态及防溜措施，做好相应的行车安全预想，并听取场调布置的安全注意事项。

（3）司机至检调处领取一套钥匙并做好确认登记。

（4）司机按照调车作业单至指定股道确认车号及股道正确后，报场调：开始整备作业。整备列车，整备作业内容主要有：走行部静态、两个驾驶室静态、车辆屏上设备显示是否与状态卡状态相符、两个驾驶室各一次牵引制动试验及停放制动试验、各开关面板指示灯正常。

（5）整备作业完毕，司机汇报场调，得到场调的准许动车指令后，确认两侧无人、物侵限，确认调车信号开放白灯后动车，沿途由近及远逐个确认信号、道岔正确。

（6）在指定地点停稳（如牵出线），涉及换端运行时，司机换端完毕后申请调车进路。

（7）司机在到达指定位置后，在出场端施加停放制动（在车辆屏上制动页面内确认），断主控（是否需要休眠按要求执行）调车作业完毕后，汇报场调。

实训 5　车场列车连挂作业

一、实训内容

（1）电客车连挂整备。
（2）连挂作业。
（3）制动撤除。
（4）调动电客车。
（5）解钩作业。
（6）电客车调到指定位置后的善后工作。

二、实训要求

（一）电客车连挂整备

（1）司机按《电客车整备作业流程》进行整备作业，检查电客车走行部、车底符合调动条件并汇报场调（是否有铁鞋不作为检查内容）。

（2）司机确认2个受电弓均降下。

(3) 司机确认电客车有防溜措施。

(4) 司机上车将紧急停车按钮拍下。

(5) 工程车到达电客车所在股道后,连接员确认电客车具备连接条件。

(二) 连挂作业

(1) 连挂作业。调车员询问连接员电客车是否符合连挂条件,得到准许连挂的回复,并确认被挂车辆的防溜设置妥当后,指挥工程车司机连挂作业。

(2) 连挂后试拉,调车员与连接员共同确认连挂妥当。

(三) 制动撤除

(1) 若被挂电客车是自身制动,调车员督促连接员撤除电客车气制动防溜措施。

(2) 连接员先隔离电客车所有空气制动截断塞门和停放制动截断塞门。连接员释放所有停放制动缓解拉手。若被挂电客车是铁鞋防溜,在车库时,铁鞋防溜由调车员督促检修人员设置或撤除;不在车库时,由调车员负责电客车铁鞋的设置或撤除,连接员负责监控确认。

(3) 连接员负责确认所有闸瓦松动,铁鞋已撤除。

(四) 调动电客车

(1) 电客车司机确认电客车防溜已撤除。

(2) 工程车调车员复诵并确认连接员已处于规定位置,方可指挥工程车司机动车。

(五) 解钩作业

解钩前,连接员与调车员共同确认铁鞋防溜妥当。

(六) 电客车调到指定位置后的善后工作

(1) 调车员设置电客车铁鞋防溜措施(如在车库内,由调车员督促检修人员设置并确认)。

(2) 连接员确认电客车铁鞋防溜已做好。

(3) 连接员恢复电客车所有空气制动截断塞门、停放制动截断塞门和紧急停车按钮。

(4) 电客车铁鞋防溜妥当并解钩后,向场调申请调车进路。

(5) 连接员恢复电客车状态后,汇报场调。

实训 6　车场内开行备用车作业

一、实训内容

车场内开行备用车作业。

二、实训要求

（1）列车故障需要换车或者正线临时加开车时，司机听从派班员安排，迅速带齐行车备品到备用车停放股道，并与场调联系确认。

（2）因故障换备用车时，司机按规定在两端司机室进行制动试验、动车试验（加开列车需要对列车进行全面检查）。

（3）确认进路信号机已开放、预选模式正确，门模式选择开关位置正确后驾驶列车出库。

实训 7　车场试车线调试作业

一、实训内容

车场试车线调试作业。

二、实训要求

（1）在试车线调试作业开始前，司机必须与调试负责人确认施工作业令内容，在《调试任务书》上记录施工作业令内容，由调试负责人签字确认后方可开始作业。

（2）司机确认满足作业动车条件后，根据调试负责人的要求，向场调申请调试进路。得到场调同意授权后，听调试负责人的指令动车。

（3）所有参与试车线调试任务的乘务车间员工，上下试车线时，必须在《登车人员登记表》上进行登记，临时下车人员必须严格执行挂牌制度，调试司机动车前严格确认相关位置有无胸牌悬挂，有胸牌悬挂时，必须确认相关人员处于安全位置方可动车。

（4）操作端驾驶室内必须有两名以上司机，保证一人驾驶一人监控，作业过程中严格执行呼唤应答制度，所有参与调试的乘务人员做好自控、他控和联控。内容包括：换端时钥匙已关闭、动车前提醒互控。

（5）所有参与调试的乘务车间员工，必须严格执行相关安全规定要求，严禁擅自违反相关安全规定，自觉爱护车辆设施设备，保持车内卫生，需交接时，做好交接记录。

（6）若道岔处有曲线；现场作业人员较多；列车由南向北运行时，司机有瞭望死角等情况出现时，应适当降低列车速度。

（7）若试车线有无电区，在电客车试车线作业时，以 RM、NRM 模式运行时，严禁越过 NRM 停车标。RM 模式须在 NRM 模式停车标前，在一度停车后以限速 5 km/h 运行到规定地点停车。

（8）所有参加调试的司机，应将当天所调试内容及发生的车辆信息记录在司机日志上，下班退勤时，在派班室统一登记。

实训 8　FAM 模式下列车出回场作业

一、实训内容

（1）FAM 模式出场。
（2）FAM 模式回场。

二、实训要求

（一）FAM 模式出场

（1）正线司机整备完毕，汇报场调。

列车自动鸣笛后起动出库，正线司机瞭望前方线路，确认平交道口无行人及异物侵入限界，监护列车运行。

列车在车辆段（停车场）内行驶时，正线司机应认真瞭望前方线路、道岔，做到瞭望不间断，遇异常情况应立即采取紧急停车措施。

（2）按行调命令监护列车驶入正线。

（二）FAM 模式回场

（1）正线司机清客完毕后，监护列车以 FAM 模式运行回场。
（2）列车在库内停稳后汇报场调并按令执行。

实训 9　全自动线路场段上下车作业

一、实训内容

（1）人员从非行车区域直接上运用车的程序。
（2）人员下运用车直接出清轨行区的程序。

二、实训要求

（一）人员从非行车区域直接上运用车的程序

1. 场内人工调车时车场司机上车
（1）车场司机向场调申请上车，明确车辆所在股道、车底号。
（2）场调确认条件满足后，通知车场司机。自动化区域场调可远程设置 SPKS。
（3）车场司机上车前，确认车辆处于静止状态，上车出清后汇报场调。
（4）场调收到车场司机出清的汇报后，撤除防护。

2. 出场时正线司机上车
（1）正线司机、防护员（不含最后 1 名正线司机）至 SPKS 出入口，正线司机向场调申请上车，明确车辆所在股道、车底号。
（2）场调确认条件满足后通知正线司机。
（3）正线司机现场操作 SPKS 后进入防护区域，确认车辆处于静止状态，上车出清后通知防护员恢复 SPKS。
（4）防护员恢复 SPKS 后通知正线司机。
（5）正线司机汇报场调，线路出清。

3. 出场时正线司机按集中防区上车
（1）一个防区内的正线司机至 SPKS 出入口，正线司机向场调申请上车，明确车辆所在股道、车底号。
（2）场调确认条件满足后远程操作 SPKS 后通知正线司机。
（3）正线司机进入防护区域，确认车辆处于静止状态，上车出清后汇报场调线路出清。
（4）场调远程恢复 SPKS。

4. 作业人员上车
（1）作业人员向场调申请上车，明确车辆所在股道、车底号。

（2）场调确认条件满足后，通知作业人员。自动化区域场调可远程设置 SPKS。

（3）作业人员得到场调、司机同意后上车，出清后汇报场调。

（4）场调收到作业人员出清的汇报后，撤除防护。

（二）人员下运用车直接出清轨行区的程序

1. 场内人工调车时车场司机下车

（1）车场司机确认车辆停稳、防溜措施已施加后，向场调申请下车，明确车辆所在的股道、车底号。

（2）场调确认条件满足后，通知车场司机。自动化区域场调可远程设置 SPKS。

（3）车场司机下车直接出清后汇报场调。

（4）场调收到车场司机出清的汇报后，撤除防护。

2. 回场时正线司机下车

（1）正线司机确认车辆休眠、防护员到位（不含第 1 名正线司机）后，向场调申请下车，明确车辆所在的股道、车底号。

（2）场调确认条件满足后通知正线司机。

（3）正线司机通知防护员操作 SPKS。

（4）正线司机得到防护员 SPKS 已操作后及时下车，出清防护区域后，正线司机恢复 SPKS，汇报场调线路出清。

3. 回场时正线司机按集中防区下车

（1）正线司机确认车辆休眠后，向场调申请下车，明确车辆所在的股道、车底号。

（2）场调确认一个防区内的列车均已在股道停稳，车辆休眠后，确认条件满足远程操作 SPKS 通知正线司机下车。

（3）正线司机得到 SPKS 已操作后及时下车，出清防护区域，汇报场调线路出清。

（4）场调远程恢复 SPKS。

4. 作业人员下车

（1）作业人员向场调申请下车，明确车辆所在的股道、车底号。

（2）场调确认条件满足后，通知作业人员。自动化区域场调可远程设置 SPKS。

（3）作业人员得到场调、司机同意后，下车直接出清轨行区，汇报场调。

（4）场调收到作业人员出清的汇报后，撤除防护。

项 目 训 练

一、填空题

1. 车辆段主要由_____、车辆清洗区、检查和小修库、大修车间、机车库组成。
2. 传统的轨道结构一般由钢轨、轨枕、道岔、_____、联结零件和轨道加强设备等组成。
3. 按曲线半径的数目，圆曲线分为单曲线、_____。
4. 线路标志是用以表明线路_____和位置的指示设备。
5. 轨道几何形位的基本要素有轨距、_____、高低、轨向等。

二、选择题

1. 车辆段内出入场线及试车线，钢轨型号一般采用（　　）。
   A. 43 kg/m　　B. 50 kg/m　　C. 60 kg/m　　D. 75 kg/m
2. 为保证列车运行安全，设备安装时不得侵入（　　）。
   A. 设备限界　　　　　　　　B. 建筑限界
   C. 车辆限界　　　　　　　　D. 受电弓限界
3. 线路标志、信号标志一般都设在距钢轨头部外侧不少于（　　）处。
   A. 1.35 m　　B. 1.50 m　　C. 2.00 m　　D. 4.00 m
4. 正线轨道水平误差不得大于（　　）。
   A. 2.00 m　　B. 3.00 m　　C. 4.00 m　　D. 5.00 m
5. 司机须在电客车规定出场时间前（　　）完成车组整备。
   A. 5 分钟　　B. 10 分钟　　C. 15 分钟　　D. 20 分钟

三、判断题

1. 限界是指列车沿固定的轨道安全运行时，所需要的空间尺寸。（　　）
2. 高低是指轨道上两股钢轨顶面的相对高低。（　　）
3. 人员防护开关（SPKS）分为就地级、车站级、远程级。（　　）
4. 正线中断抢修时，由现场负责人负责设置 SPKS 并挂锁。（　　）
5. 轨距测量时，在两股钢轨头部内侧顶面以下 6 mm 处测量。（　　）

四、简答题

1. 简述道岔护轨的作用。
2. 简述车辆限界的定义。

项目五　正线列车运行

学习目标

(1) 掌握城市轨道交通车站的分类、布局及换乘组织方式；
(2) 掌握正线行车组织方法；
(3) 掌握正线列车运行操作规范；
(4) 掌握正线站台作业流程。

技能目标

(1) 能熟练识读列车运行图；
(2) 能使用 AM/SM 模式驾驶列车运行，做到到站精确对标停车；
(3) 能按规范要求完成站台作业；
(4) 会进行列车折返作业；
(5) 会进行正线调试作业。

◆ **知识学习**

一、车站

车站是轨道交通系统的重要建筑物。它是供旅客乘降、换乘和候车的场所，保证旅客方便、安全、迅速地进出站；它有良好的通风、照明、卫生、防灾设备等，能为旅客提供舒适、清洁的环境。

(一) 车站的分类

城市轨道交通的车站通常按车站空间位置、线路设置功能、运营管理职能及换乘功能来进行分类。

1. 按车站空间位置分类

按车站的空间位置进行划分，城市轨道交通车站分为地面站、地下站和高架站三种形式，主要为适应不同线路的形式。

（1）地面站。

地面站设置在地面层。由于占用地面空间，最容易造成轨道交通线路所经过的地面区域分割，所以，一般在城乡结合部采用此类型的车站，它最大的优点是造价低。

（2）地下站。

地下站受地面建筑群的影响，轨道交通线路设置于地下，其车站也随之设置于地下，主要为节省地面空间。根据其埋深，又可分为浅埋式车站和深埋式车站两种。其造价方面，埋深越大的车站造价越高。

（3）高架站。

高架站置于高架桥梁的桥面，在结构上比较简单，造价大大低于地下站。

2. 按线路设置功能分类

一般而言，一条运营线路，除了始终点站以外，均为中间站，但这样划分的意义不大，所以有必要按线路设置功能进行细分。

（1）功能折返站。

城市轨道交通的大部分中间站，因受地理位置的限制，基本不设置道岔，直接由上下行正线贯穿。其缺点是后方车辆无法越行，也没有调车作业的条件，当发生车辆故障或其他意外事件时，没有办法进行应急处理。为提高在设施设备发生意外故障后的应变处理能力，设计规范规定每 2~4 个运营站设置一个具有调车、存车作业能力的车站，在站内增设道岔、渡线、存车线或折返线等设备，从而增加该车站的行车功能。像这样具有调车、存车或折返能力的车站称之为功能折返站，如图 5-1 所示。

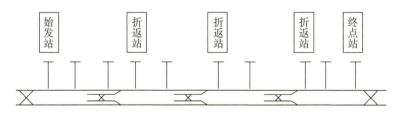

图 5-1 功能折返站示意图

功能折返站仅仅是具备了调车、存车折返的功能而已，设置的目的是在特殊情况下应急备用。当运行正常、未有特殊事件发生时，这些功能基本上是闲置的，所以，在日常的运营过程中，功能折返站是不需要全部启用的。

（2）运转折返站。

城市轨道交通在市区与郊区有不同的运量，每一条运营线都很长，通常从城市的一侧郊区通往城市的另一侧郊区，这样就存在着运营线的中段客运密度大，两端客运密度小的问题。为有效地利用运能，可以从客运量出发，在城市的市区范围，选择客流量密集的地段，增加列车往返的对数，相当于公交系统的区间车，部分列车到站后改变方向而进行折返运行，这样，既使客流量密集地段的乘车拥挤程度能得到一定的缓解，又使车辆的利用得到合理的安排。因此，选取折返点位置的依据是：第一，根据客流量的调查数据；第二，根据车站的线路配置是否具有折返的功能。像这样既具有折返功能，又在日常客运过程中正式实施了运转折返的车站，称之为运转折返站。运转折返站与功能折返站的主要区别是：功能折返站不一定就启用为运转折返站，而运转折返站首先必须具备功能折返的条件，否则，不能进行折返作业。

3. 按运营管理职能分类

按照运营管理的职能进行划分，可以将一条运营线划分为若干个区域，每一范围设置一个区域性车站，这样就形成客运专业公司、区域站、普通站3个层面的三级管理格局。

4. 按车站换乘功能分类

在城市轨道交通系统内部，把两条或多条运营线路交叉的车站称为换乘站。当城市轨道交通线路形成网络化的局面时，凡网络交叉点所设置的车站均为换乘站，其余车站为非换乘站。

（二）车站的布局

1. 车站总体布局

车站总体布局应按照乘客进出车站的活动顺序，合理布置进出站的流线。流线宜简捷、顺畅，尽可能使流线不相互干扰，为乘客创造便捷的乘降环境。

2. 车站平面布局

车站的平面布局主要取决于站台形式。站台是车站中最基本的部分，不论车站的类型、性质有何不同，都必须设置。

按站台形式，车站分为岛式车站及侧式车站两种基本类型。岛式站台位于上下行线路之间，侧式站台则是将线路夹在站台之间。

（1）岛式站台。

如图5-2所示，岛式站台位于上、下行线路之间，可供上、下行线路同时使用。在站台两端或中部有供旅客上下的楼梯通至地面或站厅层。

（2）侧式站台。

如图 5-3 所示，站台位于线路两侧，线路一般采用最小间距在两站台之间通过。

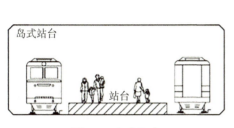

图 5-2　岛式站台

图 5-3　侧式站台

（三）车站的换乘方式

换乘站的类型很多，通常有以下几种形式：共线式、并列式、交叉式和叠置式。

（1）共线式换乘站。

如图 5-4 所示，两条运营线在某一段范围内，设置成共线的形式，在这一范围内的所有车站均为共线站，这样的换乘方式称为共线换乘。

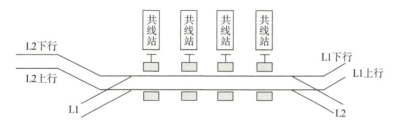

图 5-4　共线换乘

共线换乘分为共线顺向换乘与共线逆向换乘，其中有上行转上行，上行转下行，下行转上行，下行转下行 4 种转车的方式。

（2）并列式换乘站。

两条运营线路在某一车站以接近于平行的位置关系而交汇，这样的形式称为平行并列式换乘站。并列换乘的车站也可以将两条运营线的站内股道相间排列，有条件的还可以增加二线之间的联络渡线或存车线等以提高车站的运行能力。

（3）交叉式换乘站。

当城市轨道交通线路形成网络化的局面时，二线交叉或多线交叉的机会是极大的，这样的车站可以称之为交叉式换乘站。

两线交叉，条件许可的应首先创造平行换乘的条件，就是说，虽然二线的走向是交叉的形式，但可以通过线路平面方向的调整，在接近车站交汇时将线路设置为接近平行，出站后再发生交叉，这样，两条线路之间的位置关系由立体交叉式转化为平行并列式。

（4）叠置式换乘站。

在两条或多条运营线的交叉地段设置车站，一般设置为多层式的地下车站，使不同运营线的车站在同一位置形成叠置式。

叠置式有两种情况：第一种是同层同线，第二种是同层异线。

同层同线是一条运营线的上下行全部设置于车站的上层，另一条全部设置于车站的下层，通过楼电梯、通道大厅等作为换乘设施，在同一个车站进行上下层之间的换乘。

同层异线就是在同一层次内各含有两条运营线上下行线路之中的任一条。这就是说，把每条运营线的上下行拆开，一条置于车站的上层，一条置于车站的下层。其目的是使不同的运营线在同一车站的同一层次、同一站台相逢，进一步改善乘客的换乘条件。当然，不管如何改善，顺向换乘、逆向换乘不可能实现完全理想化。

小贴士

叠置式换乘站的优化

从乘客的换乘方便出发，叠置式换乘站可以不断优化。

一条线路通过第一个车站时，设置于上层出站后经过下坡道；到第二站时，改设为车站的下层。同样另一条相对应的线路，在第一站时位于下层，到第二站时位于车站的上层。这样，两条线路在相邻两个车站之间，通过改变高程而变换了空间层次。

通过这样的优化。可以为乘客的换乘带来更大的便利。如果一个乘客在本站不能实现同站台换乘的话，到达下一站就必然能实现同站台换乘的目的。但这种优化的方案还要取决于各种条件的许可。

除了上述 4 种基本的换乘方式之外，还可采用站外换乘及组合换乘来达到换乘目的。站外换乘是乘客在车站付费区以外进行换乘，实际上是没有专用换乘设施的换乘方式。它出现在下列情况下：

（1）高架线与地下线之间的换乘，因条件所迫，不能采用付费区内换乘的方式。

（2）两线交叉处无车站或两车站相距较远。

（3）规划不周，已建线未作换乘预留，增建换乘设施十分困难。

采用站外换乘方式，往往是事先没有做好轨道交通线网规划所带来的后遗症。由于乘客增加一次进出站手续，步行距离长，再加上在站外与其他人流混合，因而显得很不方便。对轨道交通自身而言，是一种系统性缺陷的反映。因此，站外换乘方式在路网规划中应尽量避免。

在换乘方式的实际应用中，若单独采用某种换乘方式不能奏效时，则可采用两种或多种换乘方式组合，以达到完善换乘条件、方便乘客使用、降低工程造价的目的。例如，同站台换乘方式辅之以站厅或通道换乘方式，使所有的换乘方向都能换乘；结点换乘方式在岛式站台中必须辅之以站厅或通道换乘方式，才能增强换乘能力；站厅换乘方式辅以通道换乘方式，可以减少预留工程量等。这些组合的目的，是加强车站的换乘功能，既保证足够的换乘能力，又能使得工程便于实施、乘客使用方便。

二、正线行车组织

（一）行车组织概述

1. 行车工作的原则

轨道交通运输行车工作的基本任务是合理使用各类运输设备，安全、准点、舒适、快捷地运送乘客，为公共交通提供良好的服务。

（1）贯彻安全生产方针的原则。

安全生产是我们党和国家开展生产劳动活动的一贯方针，也是轨道交通运输行车工作的基本要求。在轨道交通运输工作中发生事故，不仅给国家财产和人民生命财产造成损失与伤害，而且在社会影响上也会带来伤害。

（2）坚持"高度集中，统一指挥"的原则。

行车工作具有点多、线长、面广和多工种、多专业联合作业的特点，只有坚持"高度集中，统一指挥"的原则才能够把各个单位、各个专业、各个岗位组成一个统一的整体，使各环节紧紧相扣，确保行车工作的正常秩序。

保证安全运行，提高行车工作效率，必须坚持"高度集中，统一指挥"的原则。

（3）发扬协作、团结精神的原则。

轨道交通运输是城市社会生活和国民经济中的一个重要组成部分，不但具有行业内相互协作、配合的工作联系，而且与城市的各个方面都有着广泛的联系。因此，必须确立全局观念和服务社会的思想理念，发扬协作、团结精神的原则，共同完成城市交通运输任务。

（4）均衡、合理组织运输，不断提高运输效率的原则。

这是轨道交通运行管理部门不断增强输送能力的重要环节和途径。通过强化运输的组织和调度，积极开发和挖掘各个运行环节的先进经验，改进工作方式、方法，充分发挥设备与人的潜力，保证全面完成服务乘客安全行车的生产任务，全面完成企业的整体运营目标。

2. 运营时刻表

（1）定义。

运营时刻表的概念：列车从车场出回、在车站到发（或跳停）及折返时刻的集合。

所谓运营时刻表是用坐标原理表示列车运行状态的图解形式，它规定和包括了运用列车占用区间的时分、车站到发时分、终点站折返时分及其他列车运用的相关内容。

运营时刻表是一个综合性的运行计划和运营工作的操作工具，它比较完整地规定了运营中列车的时间要素、数量要素及相关要素相互协作、统一的状态。

（2）要素内容构成。

① 时间要素。

- 区间运行时分：指相邻车站之间的运行时分。
- 停站时分：指列车停站作业（包括减、加速，开、关门等），乘客上、下车所需时间总和。
- 折返作业时分：指列车到达终点站或在区间站进行折返作业的时间总和。折返作业时分包括确认信号时间、出入折返线时间、司机换岗时间等。
- 出入车场作业时分：指列车从停车场到达与其相接的正线车站或从正线车站返回车场的作业时间。
- 营运时间：指城市轨道交通运营线路运送乘客的时间，具体为每日首、末班车始发站开车点之间的时间。
- 停送电时间：指每天营运开始前送电和运营结束后停电所需操作和确认的时间。

② 数量要素。

- 全日分时段客流分布：按客流的时间分布进行预测、调查分析、确定高峰和低谷时段客流量，从而对列车编组数或列车运行列数等相关因素进行合理安排，并作为开行不同形式列车的主要依据，如区间列车、连发列车等。
- 列车满载率：列车满载率指列车实际载客量与列车定员数之比。编制运营时刻表时，既要保证一定的列车满载率，又要留有一定余地，以应对某些不可测因素带来的客流量波动，同时也要考虑乘客的舒适度。
- 出入库能力：由于车辆基地与线路车站之间的出入库线有限，加之出入库列车插入正线受到正线通过能力的影响，因此，每单位时段通过出入库进入运营线的最大列车数，即出入库能力，是编制运营时刻表的一个重要因素。
- 列车最大载客量：列车最大载客量即一个编制列车，按车厢定员计算允许承载的最大乘客数，分为定员载客量和超负载客量。

③ 相关要素。

- 与其他交通方式的衔接：包括大交通系统，如铁路、港口、机场、公路交通枢纽等；城市交通方式，如公交线路、车站布置、自行车停放、其他车辆停放等。

- 与大型体育场所、娱乐、商业中心的衔接：这些场所会有突发性的客流冲击轨道交通，造成车站暂时的运力和人力安排的困难。
- 列车检修作业：为保证列车状态完好，需均衡安排列车运行与检修时间，即便每个列车均有日常维护保养与检修时间。
- 驾驶员作息时间：根据驾驶员作息制度、交接班地点与方式、途中用餐等因素，均衡安排各次列车的运行线。
- 车站的存车能力：线路上的车站大多数无存车线，只有在终点站、区间个别车站设有存车线，可存放一定数量的列车。在日常运行时可作为停车维护使用，在夜间可存放列车以减少空驶里程，均衡早晨运营发车秩序。
- 电客车的能耗：在计算、查定电客车的各区间运行时分时，要协调区间的运行等级、限速与给电时间的关系，尽可能使之达到最佳。同时也要使同一区段同时启动的列车最少。

（3）运营时刻表实施的意义。

① 运营时刻表规定了全部运行列车在各个车站、区间的运行时分和停站、折返时分。

② 运营时刻表规定了列车在正线运行的行车间隔、运行图周期、技术速度、旅行速度及开行列车数等内容。

③ 运营时刻表规定了列车在正线的运行方式和其他相关作业的要求。

④ 运营时刻表是维持运行秩序、保证行车安全、协调各个部门运行工作的综合计划和基本依据。

⑤ 运营时刻表的实施为确保提高运输效率和运输能力、完成客运任务起着保障作用。

（4）运营时刻表的基本要求。

轨道交通运输的运营时刻表在编制中确定了整个运行过程的基本要素，它对行车安全和提高运输效率起着非常重要的作用。

① 列车在区间的运转时分，是确定列车运行于两个相邻车站之间所需要的标准时间。

② 列车在车站的停站时分，是列车进行乘客乘降和列车到发作业所规定的最小停站时间标准。

③ 追踪列车间隔时分，是一个站间区间内同方向有两列或两列以上列车运行时相互之间最小间隔时间（只有在 ATC 运行条件下方可实施列车追踪运行）。

④ 列车进行技术作业时间标准，包括列车正线运行在终点站的折返作业时间标准、列车出入库技术作业时间标准和其他运行相关因素所需的时间标准。

（5）运营时刻表的基本格式及要素。

运营时刻表是列车在各区间运行和在各车站到达、出发或通过时刻的图解形式，如图 5-5 所示。在运营时刻表上，将横轴按一定比例用竖线划分，竖线代表一昼夜的小时时分；将纵轴按一定比例用横线加以划分，横线代表车站的中心线，这样便构成了运营时刻表的基本格式。

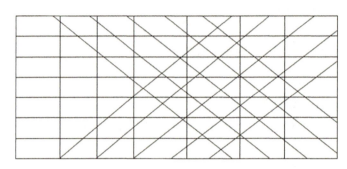

图 5-5　运营时刻表的图解形式

轨道交通运营时刻表要素介绍：

① 纵坐标，表示时间变量，按要求用一定的比例进行时间划分。

② 横坐标，表示距离分割，根据区间实际里程，采用规定的比例，以车站中心线所在位置进行距离定点（在实施设计运行图时，以区间运行时分来确定各车站中心线位置）。

③ 水平线，是一族平行的等分线，表示时间等分段。

④ 垂直线，是一族平行的不等分线，表示各个车站中心线所在的位置。

⑤ 斜线，列车运行轨迹（径路）线，一般以上斜线表示上行列车，下斜线表示下行列车。

⑥ 在运营时刻表上，列车运行线与车站的交点即表示该列车到达、出发或通过的时刻。由于城市轨道交通列车停站时间较短，一般不标明到、发的时间。

⑦ 在运营时刻表上，每个列车均有不同的车号与车次。一般按不同的列车类别规定代号与列车号，如专运列车、客运列车、施工列车等；按发车顺序编列车车次，上行采用双数，下行采用单数；ATC 方式运行时，采用列车运行目的地站代号编制。

（6）运营时刻表的分类及编制原则。

① 分类。

- 按区间正线数分：单线运行图和双线运行图。
- 按列车之间运行速度差异分：平行运行图和非平行运行图。
- 按上下行方向的列车数分：成对运行图和不成对运行图。
- 按同方向列车运行方式分：连发运行图和追踪运行图。

- 按使用范围分：日常运行图、节假日运行图、其他特殊运行图。

轨道交通系统的运营时刻表因其系统特征所致，一般均为双线成对追踪平行运行图。

② 编制原则。

- 在保证安全可靠的条件下，提高列车的运行速度，缩小列车的运行时分。

在安全得到保证的前提下，通过提高列车运行旅行速度，压缩折返时间，减少出入库作业时间等方式，提高系统的运行效率和服务水平。

- 尽量方便乘客。

编制运行图时主要考虑列车发车间隔在满足运行技术前提下尽量选择最小值，从而减少乘客的候车时间。在安排低谷运行时，最大的列车运行间隔不宜过大。

- 充分利用线路的能力和车辆的能力。

通常情况下，折返站的折返能力是限制全线能力的关键，因此必须对折返线的折返作业时间进行精确的计算，尽可能安排协同作业。当车辆周转达不到运营要求时，要合理安排车辆以解决高峰客流组织。

- 在保证运量需求的条件下，力求运营车数达到最少。

在保证运量需求的条件下，综合考虑高峰时段列车运行速度、折返时间、列车开行方式等要素，使运营列车数量达到最少，从而降低系统的车辆保有量与运营成本。以列车编组辆数调整运能，满足不同客流时段的运量需要，这种运行图科学、经济、合理。目前，国外轨道交通普遍采用，国内轨道交通也应创造条件，尽早借鉴使用。

3. 列车运行方向及车次

（1）列车在区间的运行方向。

以苏州轨道交通为例，苏州轨道交通目前采用双线区段运行的方式，列车在区间内的行车采用右侧单向运行制，即列车在区间内运行时，列车司机的位置及信号机的设置位置均在列车运行方向的右侧（特殊区段存在左侧信号机设置）。

（2）列车运行线路。

在双线区段单向运行时，上下行列车分别固定在右侧正线运行，上行列车走上行线，下行列车走下行线。

在双线区段双向运行时，以右侧方向运行的列车称为双线正方向行车，反之称为反方向行车。

（3）列车车次的规定。

列车车次号由目的地号、服务号、旅程号组成，旅程号奇/偶数分别表示下/上行方向，按照由小到大的顺序编号。

> **小贴士**
>
> 苏州轨道交通各种列车服务号规定如下：
>
> 载客列车服务号为 001~599；
>
> 专列开行服务号为 601~699；
>
> 调试列车服务号为 701~899；
>
> 排空列车服务号为 951~959；
>
> 工程列车服务号为 961~969；
>
> 过线列车服务号为 971~979；
>
> 转场列车服务号为 981~989；
>
> 救援列车（不区分工程车与电客车）服务号为 991~999。

（二）行车闭塞法

1. 行车闭塞概述

闭塞指列车进入某区域后，通过信号设备或人工控制使之与其他区域隔离，区域两端都不能向该区域发车，以防止列车相撞和追尾。通过闭塞使列车与列车相互间保持一定间隔，以保证列车安全运行，这种行车方法称为行车闭塞法。

行车闭塞是一种列车运行的规范和方法。闭塞的实现同整个运行系统和实际状况，即技术状况和社会需求状况有相当密切的关系。列车运行中使用的运行区间是不变而相对固定的。如何使用现有的区间，使列车运行能够符合高密度、快速度、小间隔的要求，提高运输能力，同时确保列车运行的安全，就是我们使用行车闭塞的目的。

2. 行车闭塞法分类

（1）移动闭塞法。

移动闭塞法的基本规定如表 5-1 所示。

表 5-1 移动闭塞法基本规定

基本规定	内容
适用范围	信号系统移动闭塞控制级别功能正常时，根据移动闭塞信号系统原理自动控制列车运行
行车凭证	车载信号显示
驾驶模式	AM 或 SM 模式

（2）进路闭塞法。

进路闭塞法的基本规定如表 5-2 所示。

表 5-2　进路闭塞法基本规定

基本规定	内容
适用范围	移动闭塞信号系统由连续式控制级别降为点式列车控制级别或车载无线设备故障时
进路划分	始端信号机至终端信号机之间为一条行车进路
行车间隔	列车运行以一条进路进行空间分隔，一条进路内只允许一列车运行
行车凭证	地面及车载信号显示
驾驶模式	AM 或 SM 模式

（3）区段闭塞法。

区段闭塞法的基本规定如表 5-3 所示。

表 5-3　区段闭塞法基本规定

基本规定	内容
适用范围	当信号系统轨旁 ATP 设备故障且升级 ITC 失败、切除车载 ATP 的列车或者非装备列车（含工程车）运行时
区段划分	正线区段以相邻两站出站信号机之间的进路为单元划分，区段包含一段或多段进路，包含多段进路的特殊区段在各线路行车组织细则中明确
行车间隔	列车运行以一个区段为行车间隔，一个区段内只允许一列车运行
行车凭证	地面信号显示
驾驶模式	NRM 模式
其他	采用区段闭塞法组织行车时，行调应通知列车运行沿途各站。列车运行过程中，行调、行值应加强监控，确保及时排列区段进路

（4）电话闭塞法。

电话闭塞法的基本规定如表 5-4 所示。

表 5-4　电话闭塞法基本规定

基本规定	内容
适用范围	（1）正线全线或单个联锁区信号联锁故障 （2）联锁站或设备集中站管辖区域全部紫光带故障，行调组织预复位及压道后仍然包含连续 3 个及以上车站区域（含区间）故障时。若信号系统上道岔位置显示正常，则不需要下线路钩锁道岔，只需将道岔单独锁定在正确位置 （3）行调认为有必要的情况
信号联锁故障时转变行车闭塞法的准备	（1）行调将故障情况通知相关车站"××联锁区发生联锁故障，做好启动电话闭塞法行车准备，××站采用××折返"，全呼全线司机"××联锁区发生联锁故障，××站至××站上下行紧制列车确认无异常后以 RM 模式动车"。车站收到通知后，若道岔无表示或表示不正常时，由岔车站立即组织人员下线路钩锁道岔。OCC 及车站人员在确认故障及后续处理过程中，禁止利用信号设备操作道岔

续表

基本规定	内容
	（2）正线紧制的列车司机收到行调通知后，确认列车及运行前方安全，以 RM 模式动车（注意控制运行速度），若列车前方进路上无道岔且进路空闲，运行到前方站台待令，否则运行至道岔前停车待令。若列车停在道岔上，司机与 OCC 确认联锁故障，向行调申请下线路确认道岔处于正确位置，鸣笛并确认现场无异常后限速 5 km/h 通过岔区（通过岔区后正常限速），运行至前方站台或道岔前待令。若故障区域内有 NRM 模式运行的列车时，行调立即呼停 NRM 模式运行的列车，组织其以限速 25 km/h 运行到前方站台或道岔前停车待令 （3）行调记录司机、车站汇报的停车待令地点、车次，初步确认位置后通知车站先钩锁岔前停车的道岔。收到行调通知后先钩锁副道岔命令的车站，在将相应道岔钩锁到进路要求的位置后，及时将钩锁完成及线路出清情况报告行调，行调组织岔前待令的列车运行到前方站台待令 （4）故障区域各次列车运行到站台停车待令后，司机、车站均应及时向 OCC 报告列车位置 （5）当确认所有列车均在站台待令，行调与值班调度长共同确认故障区域内列车数量及位置正确后，与相关车站共同核实列车最终位置及车次，向相关车站、司机发布转变行车闭塞法的调度命令
闭塞车站	正线全线故障时所有车站均为闭塞车站，局部故障时故障区域内所有车站及两端相邻车站为闭塞车站
闭塞区域及行车间隔	闭塞区域为列车运行前方一个区间和一个站台。发车时正线必须确保列车之间有"一站两区间"的间隔
占用区间凭证	列车占用闭塞区域的凭证为路票
发车凭证	车站站台显示的发车手信号
驾驶模式和限速	电客车在闭塞区域内采用 RM 模式运行，工程车限速 25 km/h 运行，司机加强瞭望注意行车安全
报点规定	闭塞车站之间相互报到、发点，并在《行车日志》上做好记录，报点站须及时向行调报列车到、发点，行调人工铺画列车运行图，掌握全线列车运行状况
电话记录号规定	电话记录号码自每日零时起至 24 时止，按日循环编号。电话记录号编号办法为车站（车场）编号加顺序号
站后折返规定	列车采用站后折返时，车站现场人工办理列车进路并确认进路空闲后，通过行值无线电台口头通知，现场人员在适当的地点显示发车手信号组织列车折返。无线通信故障时，由现场人员口头通知
线路空闲或占用确认手段	行值及时根据《运营时刻表》《行车日志》、司机报告、信号人机界面、CCTV 等，核查本站前、后方区间及站台线路的空闲情况
驾驶模式转换	列车进入和离开电话闭塞区段，司机自行进行模式切换
车次变更	列车折返后旅程号自动加 1
取消电话闭塞	车站因故须取消已办妥的电话闭塞手续时，应确认列车未进入闭塞区域，停止交付路票或收回已交付路票，由提出取消电话闭塞方给出电话记录号码作为取消闭塞的依据

电话闭塞法的基本作业程序如表 5-5 所列。

表 5-5　电话闭塞法基本作业程序

基本程序	内容
启动电话闭塞法行车	当满足"已经准确确认故障区域内所有列车位置，且列车在车站站台停稳"条件时，行调向车站、司机发布启动电话闭塞法的调度命令
请求闭塞	发车站确认待办理闭塞的区域空闲、发车进路准备妥当后，向接车站请求闭塞
同意闭塞	接车进路准备完毕，确认接车站台及前方区间空闲，或折返站列车完成折返作业（站前折返时以列车运行至下一站为准，站后折返时以列车折返至目的站台为准）后，同意闭塞并给出电话记录号码
办理发车结束电话闭塞法行车	（1）发车站取得接车站同意闭塞的电话记录号码后填写路票，核对无误后与司机交接 （2）司机接到路票且核对无误后关门，再凭车站的发车手信号动车 （3）行调确认信号联锁基本恢复正常后，提前排列好各段列车的进路，先向车站再向司机发布取消电话闭塞法组织行车的调度命令。车站接到调度命令后，停止办理或取消闭塞；司机接到行调命令后，在站列车向车站退回路票后，直接恢复正常行车，区间运行列车到前方站台后恢复正常行车 （4）对联锁区内个别道岔、信号机故障未恢复正常的，按有关道岔、信号机故障处理流程进行处理

三、列车驾驶规范

（一）司机驾驶列车运行通规

1. 司机驾驶作业规范

（1）应精神集中，加强瞭望，注意观察仪表、指示灯、显示屏的显示和线路状态。

（2）应严格执行各项作业标准，"手指口呼"自确认应做到内容完整、时机准确、动作标准、声音清晰，必要时与相关岗位做好联控。

（3）接到调度命令时，应逐句复诵，确认无误后认真执行；对调度命令有疑问时，应核实清楚后再认真执行。

（4）当车组发生故障时，应按故障处理指南及有关规定及时有效处理。

2. 突发事件司机应急处置规范

（1）应快速反应，按照规章制度、应急预案有关规定及时进行先期处置。

（2）当发现异物侵限、区间有人、隧道泄漏、线路异常等影响车组通行的情况时，司机应果断采取紧急停车措施；当发生列车火灾、列车爆炸、接触网失电等情况时，司机应尽可能驾驶车组维持进站。

（3）及时准确向调度指挥人员报告现场情况及影响，不谎报、不瞒报。

（4）当遇火灾、爆炸、毒气袭击等危及乘客及自身安全的情况时，司机须坚守岗位，按应急预案要求完成应急处置。需要紧急疏散时，必须先完成乘客疏散再自行撤离。对于擅离职守的司机，应追究其法律责任。

（5）司机应根据事件类型及影响做好乘客安抚工作。

（6）行车指挥权在现场时，应服从现场指挥人员的指令。

（二）操纵驾驶列车时的姿势标准

（1）列车运行中司机的工作状态：坐姿端正，左手放在鸣笛按钮附近；ATO模式驾驶时，右手放在紧急停车按钮附近，保持不间断瞭望。

（2）列车进站时，司机应坐姿端正，注意力集中，发现危及行车安全时，及时采取有效措施。

（3）采用人工驾驶模式时，保持列车平稳运行，集中精神，掌握好速度，对标准确，避免列车二次起动；不得"急推快拉"，运行中认真确认和监护列车前方进路的情况，禁止做与行车无关的事。

（三）运行中"手指口"确认标准

（1）非CTC模式下，在进入道岔区段前确认防护信号好后，手指口唤"绿灯/黄灯，注意限速好"，CTC模式下，手指口唤"CTC灭灯"。

（2）列车到站停稳，司机确认正确的开门方向，手指口唤"开左（右）门"。

（3）动车前确认操纵台关门，"门关好"灯亮，信号机灭灯，有推荐速度码，手指口唤"门关好灯亮，CTC灭灯，有推荐速度××"。

（详见附录D：正线呼唤确认用语；附录E：车场内呼唤确认用语）

（四）作业台账填写标准

（1）列车出库、司机交接班、列车故障和列车救援时，司机须填写《司机报单》《运用电客车状态卡》《司机日志》《行车事件单》《出勤登记簿》《退勤登记簿》等表格，司机按照规定详细填写《司机报单》（附录F）、《行车事件单》（附录G），《出勤登记簿》（附录H）、《退勤登记簿》（附录I）、《运用电客车状态卡》（附录J）。

（2）台账填写时，不得乱涂乱画，有错误时及时修改并盖章确认。

（五）信号驾驶模式升降级转换的规定

（1）在运营过程中，正常驾驶模式与非正常驾驶模式的转换，以及RM与NRM模式间的转换，须经行调授权或向行调报告。

（2）在紧急情况下，司机确认行车安全后先动车再向行调报告。

(3) 电客车从 RM 转换为 SM/AM 模式时，根据信号显示进行转换并报行调。

(4) 电客车出、回车场过程中，从 SM 模式转换为 RM 模式或从 RM 模式转换为 SM 模式按正常程序办理。

(5) 除行调特殊要求外，电客车以 RM 模式动车后，应尽可能升级到更高级别的驾驶模式，无法正常升级时及时向行调报告。

四、列车驾驶模式及站台作业标准

（一）列车驾驶模式

(1) NRM 模式：无 ATP 保护的人工驾驶模式。司机须人工保证车速及开门方向的正确性，司机动车凭证为行调命令。采用 NRM 模式动车时，列车最高限速为 60 km/h，根据线路允许条件限速行驶。

(2) RM 模式：有 ATP 保护的限速人工驾驶模式。司机凭行调命令及确认进路安全动车。

(3) SM-I 模式：点式移动闭塞、有 ATP 保护，不超过推荐速度运行的人工驾驶模式。司机动车凭证为地面信号显示和车载 HMI 推荐速度码（列车驾驶不允许超过紧制速度）。

(4) SM-C 模式：无线移动闭塞、有 ATP 保护，不超过推荐速度运行的人工驾驶模式。司机动车凭证为车载 HMI 推荐速度码（列车驾驶不允许超过紧制速度）。

(5) AM-I 模式：点式移动闭塞、有 ATP 保护的自动驾驶模式。司机动车凭证为地面信号显示和车载 HMI 推荐速度码（列车驾驶不允许超过紧制速度）。

(6) AM-C 模式：无线移动闭塞、有 ATP 保护的自动驾驶模式。司机动车凭证为车载 HMI 推荐速度码。

(7) AR 模式：折返模式，分为有人折返和 DTRO 无人折返，有 ATP 保护。

注意：采用 SM 模式驾驶时，信号屏上有黄标和红标显示，黄标代表推荐速度码，红标代表紧制速度码。司机要以低于 HMI 上推荐速度码 5 km/h 的速度驾驶列车，严禁超过紧制速度。当须越站通过时，根据信号屏上提示，进行相应操作。

列车侧向通过道岔时（信号开放黄灯），限速为 25 km/h（列车在两端折返线、进出车辆段、进出各存车线等地方要严格控制速度）。

（二）站台作业标准

1. AM-CTC/CBTC 模式下的作业流程

(1) 进站作业。

进站时，手指站名标，口呼"进站注意、×××站"，同时监听列车到站广播。

(2) 开门作业。

列车停稳后,座位侧立岗,听到车门开启声并看到车辆屏车门全部开启后,将主控手柄拉至常用制动区。打开侧门上站台,手指确认站台双门,口呼"双门开启",面向站台立岗,监护乘客乘降,监听车站 400 M 手持台。

(3) 关门作业。

① 待发车表示器倒计时 16~20 s 且确认乘客基本上下客完毕,按下左/右门关门按钮,并持续观察空隙。

② 车门关闭后,保持跨半步姿势,手指确认空隙无夹人夹物,口呼"空隙安全",回跨一步瞭望站台,确认无异常。

(4) 动车作业。

① 进入驾驶室站立,若有岔站,手指确认道岔位置,口呼"道岔好",手指确认信号屏速度表上的推荐速度,口呼"推荐速度××";若发现紧制速度为零,及时查看屏蔽门,关好灯和门。

② 将控制手柄回零,按下 ATO 按钮启动列车。

(5) 区间驾驶。

列车动车后,右手置于"蘑菇"按钮附近,目视前方,坐姿端正,认真确认进路,并由近及远确认道岔状态口,口呼"道岔好"。

2. ATP 监督下的作业流程

主要包括人工驾驶(非 CTC)、限制人工驾驶、非限制人工驾驶等模式。

(1) 进站作业。

手指站名标,口呼"进站注意、××站";车头进入尾端界,手指停车标,口呼"对标停车",同时监听列车到站广播。

(2) 开门作业。

列车停稳后,控制手柄拉至常用制动区,口呼:"手柄制动区";手指确认开门方向左/右开门灯亮(限制人工驾驶模式开前门前使用车门允许),口呼"开左/右门",双脚上站台,按左/右门开门按钮。

(3) 站台作业。

将 PSL 盘钥匙打至"使能位/有效/开门位",手指确认 PSL 盘开门按钮,口呼"开屏蔽门",按开门按钮,屏蔽门全部开启且 PSL 盘屏蔽门开启灯亮,口呼"屏蔽门开启"。返回司机室手指确认车辆屏所有车门开启图标,口呼"全部车门开启"。站上站台,面向站台立岗,监控乘客乘降,监听车站 400 M 手持台。

(4) 关门作业。

确认乘客基本上下客完毕,手指确认 PSL 盘关门按钮,口呼"关屏蔽门",按关门按钮,屏蔽门全部关闭且 PSL 盘屏蔽门关闭灯亮,口呼"屏蔽门关好"。将屏蔽门钥匙打至"自动位/无效位/关门位",手指确认关门按钮,口呼"关左/右门",按关门按钮。确认所有"门关好"灯亮,口呼"车门关好"。

(5) 安全确认。

手指确认空隙无夹人夹物,口呼"空隙安全",返回驾驶室。

(6) 动车确认。

手指确认信号机显示正确,口呼"绿/黄灯好"。如前方有道岔,手指确认道岔位置正确,口呼"道岔好";手指确认信号屏推荐速度正确,口呼"推荐速度××",启动列车。

(7) 监听列车广播。

手指信号屏,口呼"下一站××站"。

(8) 区间作业。

由近及远手指确认信号、道岔正确,口呼"绿/黄灯好、道岔好"。

3. 双人值乘作业要求

(1) "双人机班"值乘时,执行三同作业,一人操作、一人监控,监控司机共同执行标准化作业。发生异常时,由操作司机主要负责处置,监控司机负责监控提醒,严禁平行作业。

(2) 接发列车前,做好行车备品检查,抄录接发车车次、始发(终点)站点。

> 💡 小贴士

列车运行速度表

列车运行速度表如表5-6所示。

表5-6 列车运行速度表

序号	项目	运行速度/(km/h)				说明
		AM	SM	RM	NRM	
1	正线运行	设定速度	ATP推荐速度	25	60	—
2	电客车跳停	设定速度	45	25	40	电客车头部离开头端界的速度
3	电客车进站停车	设定速度	ATP推荐速度	25	30	电客车头部进入尾端界的速度
4	电客车推进运行	—	—	—	10	列车尾部自身推进
5	救援连挂车运行	—	—	—	30	故障车至前方站台清客前
					35	空车运行时
6	电客车退行	设定速度	ATP推荐速度	10/25	10/35	因故在站间退回发车站时（推进/牵引）
7	引导信号	—	—	25	25	—
8	电客车进入终点站	设定速度	35	25	30	—
9	载客列车在辅助线上运行	设定速度	25	25	25	—

小贴士

列车在各种情况下的行车凭证

列车在各种情况下的行车凭证如表 5-7 所示。

表 5-7 列车在各种情况下的行车凭证

序号	行车条件描述	占用区间凭证	发车凭证
1	CTC	推荐速度码	—
2	ITC	开放的地面信号及推荐速度码	—
3	RM、NRM	开放的地面信号+调令	—
4	信号故障（越红灯/引导信号）	调令（调试时：行调指令）	—
5	跳停	调令+相关驾驶模式下占用区间的凭证	—
6	电话闭塞法	路票	车站人员的发车手信号
7	救援车（信号系统正常）	行调命令，按地面信号显示及推荐速度指示运行；无推荐速度后凭调令运行（不含列车运行至零码处）	连挂后，凭开放的地面信号或调令运行
8	救援车（信号异常）	调令	调令
9	封锁区间	施工承认号+封锁命令（书面，必须加盖车站行车专用章）	得到行调的同意后，听从施工负责人（责任人）指令动车
10	调车方式出回场	场调或发车站调车方式出回场的口头命令	场调的口头命令或车站发车手信号

五、全自动线路乘务组织及电客车正线运行监控要求

（一）全自动线路乘务组织

（1）DTO 阶段。正线设置司机班组，负责列车运行监控、电客车故障处置、列车乘客服务等工作。车场设置车场司机班组，负责工程车驾驶、调试列车作业、调车作业、场内人工现场办理进路等工作。

（2）UTO 阶段。司机退出驾驶室，设置正线多职能队伍（驻站）负责应急情况下的列车驾驶及车站服务工作，设置正线多职能队伍（巡视），负责列车巡视及车厢乘客服

务工作。每班至少有两名具备电客车驾驶证的人员,且其全线具备电客车驾驶证的在班人员总数至少等于上线列车(加备车)数。车场设置多职能队伍,负责工程车驾驶、调试列车作业、调车作业、场内人工现场办理进路等工作。

(二) 电客车正线运行监控要求

(1) 电客车在有人值守情况下,原则上由司机对电客车进行监护,车辆调辅助监护。电客车在无人值守的情况下,车辆调远程监护列车运行,司机负责列车巡视。

(2) DTO 模式下,电客车上乘客服务由司机监护。当乘客使用应急对讲时,由司机负责接通对讲并处置。

(3) DTO 模式下,若司机发现电客车故障应及时汇报 OCC 行调,待得到行调接管列车控制权的通知后,可接管列车控制权处置故障。

(4) 当危及行车安全、人身安全、整侧站台门未联动开启、非计划性跳停、非计划性提前发车 2 min 及以上等紧急情况下,司机可先采取紧急措施并取得列车控制权,后汇报行调。

(5) UTO 模式下,车辆调远程监护列车运行,司机负责列车巡视。异常及紧急情况时,车辆调应根据故障现象进行判断,对于远程无法判断或处理的故障,应尽快安排司机现场处理。

(6) 全自动运行场景下,一旦司机接管列车控制权,相关行车组织要求参照相关规章执行。

(7) 当列车上发生乘客跌倒、摔伤、夹人夹物等紧急情况时,现场工作人员应及时处置。

◆ 技能实训

实训 1　列车进站、停站、出站作业

一、实训内容

列车进站、停站、出站作业。

二、实训要求

（1）列车进站时，司机应注意观察站内及站台情况，以防有人或异物侵入限界，发现异常情况要鸣笛示警，必要时，应及时采取紧急停车措施。

（2）司机手动模式驾驶时，进站前应根据规定速度，适当减速，列车应带制动进站，严禁急推快拉，以保证制动的平稳；遇钢轨涂油或轨面湿滑，应提前减速，防止列车越过停车位置。

（3）列车停稳后，手指口呼开门方向，通过车辆屏确认车门是否全部打开，确认主控手柄在制动区，下站台后确认车门、站台门开启，如站台门未自动开启时，立即手动打开站台门。若站台无异常情况发生，司机应根据乘客上下车情况、DTI 显示情况及《运营时刻表》规定的时间，掌握好关门时机，按压靠站台侧关门按钮，关闭所有该侧车门，尽量做到一次关门成功。

（4）列车关门后，司机应确认车门、站台门全部关好，空隙安全。如遇夹人夹物时立即重新开门。

（5）在弯道车站，司机关闭车门后，应凭车站站务员显示"好了"手信号后，方能进入司机室。

（6）列车启动前，司机对信号机、推荐速度、道岔进行手指口呼后发车。

（7）司机以手动模式出站时，应控制好牵引，做到平稳启动列车。

（8）在安装 CCTV 监视器的车站，司机瞭望困难时，应通过监视器观察站台情况，发现异常情况，应立即采取紧急停车措施。

实训 2　列车折返作业

一、实训内容

（1）列车站后人工折返。
（2）列车站前折返。

二、实训要求

列车到达终点站的折返作业，从折返路径来看分为站前折返与站后折返，从折返形式来看分为自动折返与人工折返。

（一）站后人工折返

（1）站后人工折返时，到达司机到达折返站后，执行清客程序。
（2）回到司机室内确认信号道岔开放正确，联控接车司机申请动车，未得到动车指令严禁动车。
（3）运行过程中监控好速度，确保列车停准位置后，执行折返程序，关闭主控。
（4）与接车司机交接车辆状况、运行状态。等待列车运行至站台后，离开司机室并与接车司机做好联控。
（5）接车司机在规定的地点提前60 s立岗，待列车停稳后进入司机室，随车进入折返线，与到达司机联控确认完毕后，激活列车。
（6）确认信号道岔开放正确，联控接车司机申请动车，在未得到动车指令前严禁动车；运行过程中监控好速度，到达站台停稳后，凭相关指令及到达司机的"好了"信号动车。
（7）降级列车站后折返必须对口交接，共同确认动车五要素后方可执行折返程序。

（二）站前折返

列车站前折返时，无须清客。
注意：因运营调整，折返时无接车司机时，到达司机执行原班折返，折返过程中注意控制好时间。

实训 3　电客车转备用及备用车投入运营作业

一、实训内容

(1) 电客车在停车线转为备用车。
(2) 备用车投入服务。

二、实训要求

(一) 电客车在停车线转为备用车

(1) 电客车到达车站后需要转为备用车时，广播通知乘客和保洁人员离开列车。
(2) 确认车站人员的"好了"信号及客室所有乘客已下车后，关好站台门、车门，打开通道门确认无乘客。
(3) 到达存车线或折返线后，司机在靠近站台一侧的司机室断高断，施加停放制动，关主控，汇报行调，按行调指示返回站台或在车上待令。

(二) 备用车投入服务

(1) 接行调命令要加开备用车时，与车站及行调联系，按行调的命令上备用车。
(2) 司机进入驾驶室，检查司机室内各开关状态，检查后端司机室通道门是否关好。
(3) 开主控钥匙，确认司机室内各指示灯和显示屏显示正常。
(4) 合高断，检查客室照明，按行调的命令执行。
(5) 确认列车的车次、广播。

实训 4　正线调试作业

一、实训内容

正线调试作业流程。

二、实训要求

（1）按正常程序出勤登记，领取行车备品、随身备品（手电筒、正线图等）。

（2）明确施工作业令内容（重点明确：作业区域、作业日期、作业时间、施工负责人）及调试注意事项，并做好安全预想。

（3）列车在正线时，司机按要求接车，接车后按行调命令执行。列车在车场时，在规定时间内到达指定地点向场调汇报，并对列车进行整备作业（如需调车，与场调明确调车作业单内容及注意事项）；整备完毕后报场调，接到派班室传达的加开令后确认车上人员到位后报场调，申请出库进路（若相关人员未到位，司机及时联系场调），按列车出场组织程序执行。列车由车场到达转换轨停稳后，确认手持台转到正线组，联系行调，根据行调命令动车运行至指定地点。

（4）待施工负责人请点完毕后，接车站封锁令及施工承认号后与行调核对，按行调命令凭施工负责人指令动车（多列车施工时，需得到施工负责人指令后凭施工责任人指令动车），作业开始前必须确认施工作业令、封锁令、施工承认号码正确后，方可凭行调命令或信号显示运行。

（5）施工作业中，以降级 RM 模式、切除 ATP 模式运行时，须与行调联控，得到行调同意。

（6）调试中，司机向车站申请进路；若涉及转线时，司机向行调申请进路；运行中遇红灯，司机须得到行调命令方可越过。

（7）司机明确作业时间，作业结束前半小时提醒施工负责人调试时间。

（8）施工结束后列车停于指定地点。待施工负责人销点完毕后，司机凭车站人员传达的线路解封令及加开令动车回场。

注意事项：

（1）调试中监控司机在区间运行时，提前一站呼叫终点站，不得超出施工作业令中的作业时间和运行区段。

（2）如遇配合外单位施工，司机须听从本单位监管人员指令动车。

(3) 司机严格按照相关线路/信号限速运行,如进行信号调试,特殊限速区段司机须与行调明确限速情况,严禁擅自超速,臆测行车。

(4) 司机明确作业时间,如需延点,由施工负责人向主站申请,司机必须与行调确认。

(5) 作业中加强联控,做好"自控、互控、他控"。

实训 5　全自动线路列车正线运行作业

一、实训内容

(1) 进站作业。
(2) 开门作业。
(3) 关门作业。
(4) 出站作业。

二、实训要求

(一) 进站作业

(1) 进站时,手指确认站名标,口呼"进站注意×××站",待车头进入尾端端门后,手指信号屏,口呼"无跳停图标"。

(2) 监听进站广播,发现与站名标站名不一致时,人工介入进行广播。

(二) 开门作业

(1) 列车对标停稳至站台方向侧门处,手指确认左/右侧站台端门,口呼"开左/右门";手指确认车辆屏所有车门开启图标,口呼"全部车门开启"。

(2) 手指确认 PSL 盘开门到位且黄灯亮,口呼"站台门开启"。

(3) 面向 CCTV 立岗,监护乘客乘降。

(三) 关门作业

(1) FAM 模式:面向 CCTV 监护列车关门,发现夹人夹物等异常情况及时接管列车,汇报行调,按令执行。

(2) AM-C/SM-C 模式:

① 待 DTI 倒计时 10~12 s 左右或确认乘客基本乘降完毕,手指确认关门按钮,口呼

"关左/右门"并按下关门按钮 2 s 后,将手放在开门按钮上,面向 CCTV 监护列车关门,发现夹人夹物等异常情况,立即重新开关门。

② 关门后,手指 PSL 盘站台门关闭、锁紧且绿灯亮,口呼"站台门关好"。

(四) 出站作业

1. 回司机室座椅旁

① 手指确认出站信号机,口呼"CTC 灭灯"。

② 有道岔时,手指确认道岔位置正确,口呼"道岔好",再手指确认前方进路无异常,口呼"进路安全"。

③ 无道岔时,手指确认前方进路无异常,口呼"进路安全"。

2. 手指确认信号屏

① FAM 模式:手指确认紧制速度正常,口呼"紧制××"。

② CTC 模式:手指确认推荐速度正常,口呼"推荐速度××"。

3. 坐回座椅

① FAM 模式下,监控列车运行。

② AM-C 模式下,换向手柄向前、控制手柄"零"位,确认 ATO1、ATO2 按钮绿灯闪烁后,同时按压 ATO1、ATO2 按钮,确认 ATO 建立成功

此时,ATO1、ATO2 按钮绿灯常亮、车辆屏显示有牵引力,监控列车运行。

③ SM-C 模式,手动驾驶出站。

④ 出站时,手指确认下一站标,呼:"下一站××站",监听下一站广播,发现与下一站标站名不一致时,人工介入广播。

注意事项:

(1) FAM 模式驾驶时,将主控钥匙插入钥匙孔,无特殊情况和无接管调令时,严禁转动钥匙。

(2) 载客列车门模式设置为 AM 位(自动开,手动关);手动驾驶排空、跳停列车时,将门模式设置为 MM 位(手动开,手动关);需投入载客时,提前一站出站后,将门模式设置为 AM 位。

(3) 发现 PSL 盘开门到位但黄灯不亮,通过司机侧窗确认 1-1 站台门、车门同步开启,遇 PSL 盘开门到位灯不亮且 1-1 站台门、车门实际未同时打开,立即接管列车,报行调。

(4) 开门后确认 DDU 车门界面时,若发现部分车门未开启,立即查看车辆屏主界面故障信息栏中是否有对应车门被禁用的信息。若有,车门被对位隔离;若无,车门故障,报行调,按令执行。

(5) 站台门被对位隔离后,后续列车到站停稳,车辆屏显示相应车门未打开,并触

发"部分车门未打开"广播。

（6）关门后，发现紧制速度为 0 km/h 时，立即查看 PSL 盘是否关闭且锁紧，以及"门关好"灯绿灯是否亮，若其中有一盏不亮，FAM 模式时汇报行调，按令执行即可；CTC 模式时按相应故障处理指南进行处置。

（7）使用车门允许开门，规定如下：

① 手指确认"停车位置"牌在司机室侧窗范围内，口呼"对标停准"。

② 手指确认左/右侧站台端门，口呼"开左/右门"。在 800M 群呼"××站上/下××次××车，对标停准，使用车门允许开左/右门"。

③ 按压站台侧车门允许开门，确认双门开启。

（8）列车推荐速度为 0 km/h 时，汇报行调并按令执行，严禁擅自动车。

（9）若通过 CCTV 发现有婴儿车、大件行李等特殊物品，以及老人、小孩、孕妇等正在上下车时，严禁按压关门按钮。

项目训练

一、填空题

1. 轨道交通地下站可分为_____和深埋式两种车站。
2. 车站按站台形式分为_____车站及侧式车站两种基本类型。
3. 采用移动闭塞法时,列车驾驶模式为_____或 SM 模式。

二、选择题

1. 调试列车服务号为（　　）。

　　A. 001～599　　　B. 601～699　　　C. 701～899　　　D. 951～959

2. 移动闭塞法时的行车凭证为（　　）。

　　A. 路票　　　　　　　　　　B. 车载信号显示

　　C. 调度命令　　　　　　　　D. 地面信号机显示

3. 采用 NRM 模式动车时,列车同限速为（　　）。

　　A. 5 km/h　　　B. 25 km/h　　　C. 60 km/h　　　D. 80 km/h

三、判断题

1. 采用电话闭塞法时,列车占用闭塞区域的凭证为路票。（　　）
2. 采用 SM 模式驾驶时,司机要以 HMI 上推荐速度驾驶列车,严禁超过紧制速度。（　　）
3. 当列车发生火灾、爆炸、接触网失电等情况时,司机应立即停车。（　　）

四、简答题

1. 简述运营时刻表。
2. 简述行车闭塞法。

项目六　电客车故障处理

学习目标

（1）掌握电客车故障处理的基本要求；
（2）掌握电客车故障处理流程及注意事项。

技能目标

（1）能对车辆出段前的故障进行判断和简单处理；
（2）能进行车辆故障的判断和简单处理；
（3）能进行信号系统故障的判断和简单处理。

知识学习

一、电客车故障处理基本要求

（1）电客车司机应及时、准确地将故障报警信息及显示屏、仪表、指示灯显示等信息报告行调，不得谎报、瞒报、错报、漏报。如因列车故障，司机需进入客室操作设备，必须举止得当，不得冲撞乘客；如需乘客配合，应礼貌进行协商，不得有强制行为。

（2）电客车发生故障时，应严格按照故障处理指南等要求处理。

（3）故障处理时间节点包括初步处理时间节点、总体处理时间节点。故障初步处理时间及总体处理时间在相应线路行车组织细则中有明确规定。到达初步处理时间节点，司机应主动报告行调故障处理情况，若未处理完可申请继续处理；到达总体处理时间节点，若司机未向行调汇报处理结果，行调应询问司机故障处理情况及是否能够动车。若能动车，司机须明确告知行调能动车及后续行车限制条件；若不能动车，司机须明确告知行调不能动车。

（4）原则上，对电客车故障处理的总体时间不能超过规定的时间。若在总体处理时间内司机确定故障无法处理，可直接请求支援。

（5）在电客车故障处理期间，列车降级为 RM 模式，切除 ATP 须经行调同意再操作；须离开驾驶室和换端处理时，司机边操作边汇报行调，其他操作内容均不需要报行调；若涉及使用停放制动旁路开关、气制动旁路开关、总风欠压旁路开关，以及紧急牵引模式、拖动模式、后端推进运行等情况时，在动车前须向行调报告上述操作及动车限制。

（6）在电客车整备过程中发现故障，场调接报后应立即通知检调。若故障无法排除，检调按规定提供《故障电客车上线运营确认表》后，安排场调通知司机和组织列车出场。

（7）车场内电客车故障需要检修人员上车处理时，由检修人员通过手持台联系司机，经司机同意并开门示意后方可上车，严禁不联控自行上车。

二、电客车故障应急处置的方法

电客车故障形成的原因主要包括下列几种情况：设备老化、欠修、维修保养不当、司机操作不当、人为损失等。为消除电客车故障给运营组织带来的影响，需要司机快速判断故障处所，进行应急处置。电客车故障应急处置的常见方法有下列几种。

（一）故障恢复法

通过司机室显示屏或仪表指示灯的显示内容，确定故障发生的部位并检查相关设备有无异常。如空气断路器断开、供气阀门关闭等，发现问题及时处理可恢复其功能，以达到排除故障的目的。

（二）故障切除法

有些列车设备发生故障后，会直接影响列车的驾驶性能及安全性能，因此列车在电路设计中对重要部件安装了监控系统，该设备一旦发生故障，遵循设备"故障—安全"这一设计原则，列车控制系统会采取限速运行或停止运行等手段来确保列车安全。司机必须通过故障现象来查找故障原因，通过切除故障设备、不让其工作的方法来维持列车运行，以减少故障状态下对运营的影响。如发生单扇客室车门关闭不到位时，司机可采取切除该扇车门的方法，继续载客运行。

(三) 旁路法

列车监控系统发生故障会影响列车驾驶功能,导致列车无法牵引,此时司机必须按故障情况严格区分故障发生的成因,也就是区分是否监控系统本身原因发生的故障。在这种情况下,司机可尝试使用旁路相关监控设备,以维持列车运行。如检测列车空气制动是否缓解的压力传感器发生故障时,会导致全列车无牵引的现象,司机应先确定列车制动已真正缓解后,再使用旁路制动监控电路的方法,以排除故障。

(四) 重启法

现代列车均采用计算机控制,在控制信号或通信信号发生误差时,会造成信息显示紊乱,严重的会影响列车某些设备的正常使用(或成为死机)。在这种情况下,最好采用重新启动列车或重新启动相关设备的方法,以激活故障设备,恢复列车功能。

◆ **技能实训**

实训 1 **车辆故障处置（车门类）**

车门故障时相关指示灯、屏的显示如图 6-1 所示。

图 6-1 车门故障现象

一、实训内容

车门故障处置。

二、实训要求

（一）处置流程

车门故障处置流程按图 6-2 所列步骤执行。

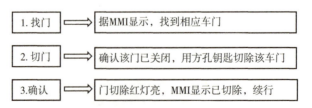

图 6-2 车门故障处置流程图

> **切车门流程歌**
>
> 有车门，不给力，
> 屏上找，手上记，
> 报行调，快跑去，
> 切准门，"四指"意。
>
> 注："四指"指手指扒门、手指门头灯、手指"门关好"灯、手指屏上"小锁"。

（二）注意事项

（1）车门故障无须申请救援。

（2）处理车门故障前，注意观察车辆屏显示信息（位置、故障类别）；离开驾驶室时，记得带好切门工具（方孔钥匙）和通信工具（手持电台）。

（3）处理车门故障时，尽量选择外部隔离（不走客室）。

（4）注意与站台服务员和行调的配合，尽量不离开驾驶室处理。

（5）安全第一，无法保证安全时不能随意动车。

（6）处理完毕后再三确认车门状态，避免二次操作。

（三）故障处置流程标准及用时

车门故障时的处置流程标准及用时如表 6-1 所示。

表 6-1 车门故障处置流程标准及用时

操作内容	操作耗时/s	备注
若是单个车门故障无法关门或在车辆屏相应车门显红，根据车辆屏指示找到相应车门	11+3.5N	N：司机跑动的门间隔数

实训 2　车辆故障处置（制动类）

列车制动故障相关设备的显示如图 6-3 所示。

图 6-3 制动故障现象

一、实训内容

车辆制动故障处置。

二、实训要求

（一）处置步骤及解析

（1）将控制手柄拉到快速制动位缓解紧急制动（简称紧制）。

步骤解析：尝试缓解紧急制动。

（2）检查车载信号屏，若车载信号屏有小红手，则按信号故障处理指南执行。

步骤解析：排除信号故障导致的车辆紧制不缓解。

（3）检查主风风压是否正常，若低压（小于 5.5 Bar）隔离本端的总风欠压旁路开关（LMRGBS），运行至就近站台清客，退出服务。

步骤解析：检查是否为风压过低导致的紧急制动。

（4）检查车辆显示屏显示接触网网压状态，若无网压，则检查"蘑菇"紧急制动按钮是否被按下，若按下则恢复，按正常程序缓解紧急制动。

步骤解析：检查是否为蘑菇按钮拍下导致的车辆紧制。

（5）检查"门关好"灯和车辆显示屏车门状态，"门关好"灯不亮或车辆显示屏车门状态异常，则按车门故障处理，然后按照正常程序缓解紧急制动。

步骤解析：检查是否为车门故障导致的车辆紧制不缓解。

（6）断合主控钥匙后，按照正常程序缓解紧急制动（间隔 5 s）。

步骤解析：使相应继电器重新吸合一次。

（7）断合司机室右侧电器柜内紧急制动控制断路器 EBCB、紧急制动列车线断路器 EBTLCB，VCU 触发紧急制动断路器 VCUEBCB、ZVRCB，按照正常程序缓解紧急制动。

步骤解析：检查故障原因是否是对应继电器故障。

（8）隔离主控端的总风欠压旁路开关，按照正常程序缓解紧急制动。

步骤解析：检查是否因为检测回路故障导致的紧制不缓解。

（9）隔离警惕按钮旁路开关 DMPS，按照正常程序缓解紧急制动。

步骤解析：检查是否因为警惕按钮故障导致的车辆紧制。

（10）将 ATP 故障隔离开关 ATPFS 打到隔离位（隔离后列车限速 60 km/h），按照正常程序缓解紧急制动。

（11）当上述措施仍然无法缓解紧急制动时，则请求救援。

步骤解析：可能由于信号原因导致的车辆紧制不缓解。

（二）故障处置流程标准及用时

车辆制动故障处置流程标准及用时如表 6-2 所示。

表 6-2 制动故障处置流程标准及用时

故障现象	操作步骤	操作内容	操作耗时/s	备注
列车运行时施加紧急制动	1	将控制手柄拉到快速制动位缓解紧急制动。若不能，则依次操作后续步骤，直至紧急制动可以缓解。当总风风压正常情况下，维持运营	3	
	2	检查车载信号屏（HMI），若车载信号屏有小红手，则按信号故障处理指南执行，若按信号故障处理指南无法消除故障，报行调切除 ATP 以 NRM 模式运行，列车将自动限速 60 km/h 运行；若无小红手，则依次执行后续步骤	23	
	3	检查主风风压是否正常，若低压（5.5 Bar）隔离两端的总风欠压旁路开关（LMRGBS）	85	
	4	检查"蘑菇"紧急制动按钮是否被按下，若按下则恢复，按正常程序缓解紧急制动	6	
	5	检查"门关好"灯，不亮则按车门故障处理，然后按照正常程序缓解紧急制动	3	
	6	断合主控钥匙后，按照正常程序缓解紧急制动	12	
	7	检查司机室右侧电器柜内紧急制动控制断路器 EBCB、紧急制动列车线断路器 EBTLCB，ZVRCB 若有跳开则恢复，按照正常程序缓解紧急制动	29	
	8	隔离主控端的总风欠压旁路开关 LMRGBS，按照正常程序缓解紧急制动	26	
	9	隔离警惕按钮旁路开关 DMPS，按照正常程序缓解紧急制动	7	
	10	将 ATP 故障隔离开关 ATPFS 打到隔离位（隔离后列车限速 60 km/h，司机注意安全驾驶），按照正常程序缓解紧急制动	9	
	11	隔离从控端的总风欠压旁路开关 LMRGBS，按照正常程序缓解紧急制动	71	根据操作进行到的步骤计算最终用时
	12	当上述措施仍然无法缓解紧急制动时，则清客并请求救援	—	

实训 3　车辆故障处置（牵引类）

车辆牵引故障现象如图 6-4 所示。

一、实训内容

车辆牵引故障处置。

图 6-4　牵引故障现象

二、实训要求

（一）处置步骤及解析

（1）检查有无网压。

（2）检查制动界面是否有停放制动不缓解、快速制动不缓解、牵引制动同时存在故障等现象，若有则按照相应制动故障条款执行。

步骤解析：防止列车异常施加制动导致无法运行。

（3）检查车门是否关好灯。

① 若不亮，则处理车门故障。

② 若亮，则操作车门旁路开关 DBPS 至隔离位，若无效则恢复 DBPS 至正常位。

步骤解析：防止因车门故障导致此故障的发生。

（4）检查分合高速断路器。

步骤解析：防止高速断路器假性闭合。

（5）断合本端 ATC 牵引，允许断路器 ATCTRCB 断路。

步骤解析：此空气开关落下后，列车即出现此现象。

（6）将 ATP 故障隔离开关 ATPFS 打至隔离位。

步骤解析：ATP 系统异常可能会导致此故障的发生。

（7）将本端总风欠压旁路开关 LMRGBS 打至隔离位，看能否动车，能动车则总风风压正常，继续运营；若总风风压低于 7 Bar，则按空压机故障情况处理。

步骤解析：风缸压力过低或风压检测系统故障，可能会导致此现象的发生。

（8）若操作上述步骤仍无法动车，则将紧急牵引/救援模式开关 EMTS 打至紧急牵引位，运行到就近车站清客退出服务。

步骤解析：使用紧急牵引动车（具体原因见紧急牵引作用）。

（9）若操作无效则使用通用步骤，至就近站清客退出服务。

步骤解析：上述无效，使用应急步骤。

（二）故障处置流程标准及用时

车辆牵引故障处置流程标准及用时如表 6-3 所示。

表 6-3　牵引故障处置流程标准及用时

故障现象	操作步骤	操作内容	操作耗时/s	备注
紧急制动可缓解，推手柄牵引无效	1	检查有无网压	5	
	2	检查制动界面，是否有停放制动不缓解、快速制动不缓解、牵引制动同时存在故障，若有则按照相应制动故障条款执行	10	
	3	检查"车门关好"灯，若不亮，则处理车门故障	5	
		若亮，操作车门旁路开关 DBPS 至隔离位，无效则恢复 DBPS 至正常位	35	
	4	分合高速断路器	15	
	5	断合本端 ATC 牵引，允许断路器 ATCTRCB 断路	30	
	6	ATP 故障隔离开关 ATPFS 打至隔离位	10	
	7	将本端总风欠压旁路开关 LMRGBS 打至隔离位，能否动车，能动车若总风风压正常，则继续运营；若总风风压低于 7 Bar，则按空压机故障情况处理	20	
	8	若操作上述步骤仍无法动车，则将紧急牵引/救援模式开关 EMTS 打至紧急牵引位，运行到就近车站清客退出服务	5	
	9	若操作无效则使用通用步骤，至就近站清客退出服务	90	根据操作进行到的步骤计算最终用时

实训 4　车辆故障处置（网络类）

转动主控钥匙后，列车无法激活，故障现象如图 6-5 所示。

图 6-5　网络故障现象

一、实训内容

车辆网络故障处置。

二、实训要求

（一）处置步骤及解析

（1）断合主控钥匙。

步骤解析：使各继电器再次重新失得电一次。

（2）断合 CORCB 断路器、主控 MCCB 断路器。

步骤解析：空气开关断开后，列车即出现此现象。

（3）若无效，则换端尝试激活司机室；若可激活，则在就近站清客，报行调，按令执行。

步骤解析：尝试尾端激活，若激活则可避免列车救援。

（4）若无效，则请求救援。

（二）故障处置流程标准及用时

车辆网络故障处置流程标准及用时如表 6-4 所示。

表 6-4　网络故障处置流程标准及用时

故障现象	操作步骤	操作内容	操作耗时/s	备注
转动主控钥匙后，列车无法激活	1	断合主控钥匙	12	
	2	断合 CORCB 断路器、主控 MCCB 断路器	40	
	3	若无效，则换端尝试激活司机室；若可激活，则在就近站清客，报行调，按令执行	73	
	4	若无效，则请求救援	—	根据操作进行到的步骤计算最终用时

实训 5　信号故障处置

一、实训内容

信号故障处置。

二、实训要求

（一）信号设备操作要求

（1）对 ATP 系统的操作都必须在主控钥匙断开的情况下进行。

（2）当重启 ATP 完成后，系统处于初始状态，HMI 显示当前驾驶模式为 RM 模式。

（3）执行重启 ATP 的位置必须以不耽误后续列车运行为原则。

（4）列车重启 ATP 后，须再次确认两端信号设备状态正常才可继续运行。

（5）在转换轨发生无线打叉及在存车线或折返线发生无线异常时，司机必须询问行调是否就地处理，重启 ATP 后必须再次确认两端信号灯位正常。

（6）如果 HMI 上有故障信息提示，优先根据故障信息对应的操作步骤处理。

（7）HMI 上出现 ATO 打叉，不能采用自动折返。

（8）按钮恢复在一站只允许尝试 3 次。列车冗余状态下，BTN 修复不得超过 2 次，若因多个按钮故障造成 BTN 打叉时，一次只能恢复一个按钮。

（二）ATP 重启步骤及注意事项

1. 重启步骤

（1）断主控，切 ATP。

（2）断合故障端相关断路器（间隔 10 s），恢复 ATP。

（3）等待 ATP 重启成功。

（4）重启成功后，运行一站一区间升级 ITC/CTC 后报行调继续运行，未升级报行调，按令以 NRM 模式运行。

2. 操作注意事项

（1）当重启 ATP 完成后，HMI 显示为 RM 模式，列车以 RM 模式运行，直至恢复正常运行。

（2）该操作必须在主控钥匙断开的情况下进行。

（3）当列车在转换轨、折返线或存车线重启 ATP 时，一站一区间的含义为列车从转换轨、折返线或存车线运行至站台。

（4）执行重启 ATP 的位置必须以不耽误后续列车运行为原则。

（5）列车重启 ATP 后，须再次确认两端信号设备状态正常才可继续运行。

> ### 小贴士
>
> 相关术语
>
> 1. CTC（连续式列车控制）
>
> 在连续式通信级（或移动闭塞级），移动授权由轨旁经由无线通道发送到列车，列车通过无线通道建立车-地之间的双向通信来控制列车。在该级别下，室外所有信号机灭灯，司机可根据车载信号以 AM/SM 模式驾驶列车。
>
> 2. ITC（点式列车控制）
>
> 点式通信级作为连续式通信级的后备模式，移动授权来自信号机的显示，并通过可变数据应答器由轨旁点式传送到列车，在该级别下，司机根据地面显示和车载信号以 AM/SM 模式驾驶列车。
>
> 3. XLC（联锁控制）
>
> 如果连续式或点式通信级故障，作为降级运行模式，可由标准色灯信号机系统为列车提供全面的联锁防护，在该级别下，司机根据地面信号显示驾驶列车。
>
> 4. 冗余（车载信号）
>
> 车载信号由激活端切换至备用端，属于车载信号系统的正常功能。冗余后，列车正常运行不受影响。冗余情况下不支持 ITC 模式运行。
>
> 5. 下一站
>
> 故障发生时，列车运行至前方最近的车站。

项目训练

一、填空题

1. 列车故障时,司机应及时、准确地将_____及显示屏、仪表、指示灯显示等信息报告行调。

2. 处理车门故障时应尽量选择_____隔离。

3. 电客车整备过程中发现故障,_____接报后立即通知检调。

二、选择题

1. 在电客车故障处置期间,下列(　　)操作无须先报告行调,同意后再操作。

    A. 切除 ATP　　　　　　　　　B. 司机室换端

    C. 隔离客室车门　　　　　　　D. 列车降级为 RM 模式

2. ITC(点式列车控制)下,移动授权来自信号机的显示,并通过(　　)由轨旁点式传送到列车,在该级别下,司机根据地面显示和车载信号以 AM/SM 模式驾驶列车。

    A. 无线接入点　　　　　　　　B. 固定数据应答器

    C. 地面信号机　　　　　　　　D. 可变数据应答器

三、判断题

1. 车辆制动故障时,检查主风风压是否正常,若低压(小于 5.5 Bar)隔离本端的总风欠压旁路开关 LMRGBS,维持运行至折返站,退出服务。　　　　　　　　(　　)

2. 车辆制动故障时,检查车载信号屏(HMI),若车载信号屏有小红手,则按信号故障处理指南执行。　　　　　　　　　　　　　　　　　　　　　　　　(　　)

3. 推手柄,牵引无效,首先检查有无网压。　　　　　　　　　　　　(　　)

四、简答题

1. 简述车门故障处置流程。

2. 简述"转动主控钥匙后,列车无法激活"的故障处置流程。

3. 简述 ATP 重启步骤。

项目七　城市轨道交通应急处理

学习目标

(1) 掌握城市轨道交通突发事件的定义、特性和应急预案的分级、分类；
(2) 掌握应急处理的原则、机构组成及职责；
(3) 掌握抢险组织、现场处置工作组织、运营组织的原则。

技能目标

(1) 了解城市轨道交通应急处理的指挥机构的构成及其职责；
(2) 了解信息报告应遵循的原则，掌握突发事件报告流程及报告事项；
(3) 会进行信号设备故障应急处理；
(4) 会进行站台门故障应急处理；
(5) 会进行恶劣天气时的应急处理；
(6) 会进行突发事件应急处理。

知识学习

一、城市轨道交通应急处理概述

（一）城市轨道交通突发事件定义

城市轨道交通突发事件是指突然发生，可能造成重大人员伤亡、财产损失、列车中断运行、环境破坏和严重的社会危害，需要采取紧急措施予以应对的自然灾害、事故灾难、公共卫生和社会安全的紧急事件。

(二) 城市轨道交通突发事件的特性

1. 突发性

绝大多数突发事件是在人们缺乏充分准备的情况下发生的，发生突如其来，大多演变迅速，解决问题的机会稍纵即逝；如果不能及时采取应对措施，将会造成更大的危害和损失。

2. 不确定性

突发事件具备高度的不确定性：一是发生状态的不确定性；二是事态变化的不确定性。

3. 破坏性

突发事件的破坏性来自多个方面：对公众生命构成威胁；对公共财产造成损失；对各种环境产生破坏；对社会秩序造成紊乱；对工作心理造成障碍。

4. 衍生性

衍生性是指由原生突发事件的产生而导致其他类型突发事件的发生。

5. 扩散性

当一个事故发生之后，往往具有连带效应，可能引发次生或衍生事故，导致更大的损失和危机。

6. 应急处理的复杂性

由于城市轨道交通具有封闭性、局限性和人员、设备高度集中的特点，使事故处理受诸多条件限制；同时，事故可能涉及多个行业和归口管理部门，需要多个部门配合和协调，因此就增加了应急处理的复杂程度。

(三) 城市轨道交通应急预案

1. 应急预案定义

应急预案是指针对可能发生的应急事件，为保证迅速、有序、有效地开展应急救援行动，控制、减轻和消除应急事件引起的危害，规范各类应对活动而预先定制的方案，包括总体应急预案、专项应急预案和现场处置方案。

2. 应急预案体系的组成

(1) 运营突发事件总体应急预案。

总体应急预案从总体上阐述处理运营事故的应急方针、政策，应急组织机构及相关部门的应急职责，应急响应、措施和保障等基本要求和程序，是轨道公司运营突发事件应急预案体系的总纲，是应对各类运营事故的综合性文件。它由轨道公司安全委员会制定、报上级机构批准后公布实施。

（2）运营突发事件应急预案。

运营突发事件应急预案主要是轨道公司运营分公司及其有关部门（中心），为应对某一类型或几种类型突发事件而制定的涉及数个部门（中心）职责的应急预案，应制定明确的救援程序和具体的应急救援措施。它由运营分公司安全委员会组织制定、报上级机构批准后公布实施。

（3）部门（中心）现场处置方案。

部门（中心）现场处置方案是运营分公司有关部门（中心），根据轨道公司运营突发事件总体应急预案、运营突发事件应急预案和部门职责，为应对突发事件制定的现场处置方案，具体指导各岗位参与救援工作的现场实施具体方案，由运营分公司部门（中心）组织制定，报运营分公司安全委员会批准后实施。现场处置方案应做到具体、简单、针对性强，并通过应急演练，使现场岗位及应急人员做到应知应会、熟练掌握、反应迅速、正确处置。

3. 应急预案的分类

（1）按照突发事件的性质、演变过程和发生机理，应急预案划分为自然灾害类、事故灾害类、公共卫生事件类、社会安全事件类。

① 自然灾害类。主要有地震应急预案、汛期防洪应急预案、恶劣天气应急预案等。

② 事故灾害类。主要有 OCC 火灾应急预案、钢轨折断应急预案、弓网故障应急预案、接触网大面积停电应急预案、列车冲突应急预案、列车故障救援应急预案、列车挤岔应急预案、列车倾覆应急预案、列车脱轨应急预案、区间隧道泄漏应急预案、人车冲突应急预案、通信传输中断应急预案、外界设施侵限应急预案、线路突发损坏（下沉、隆起、坍塌）应急预案、线路胀轨跑道应急预案、车站火灾应急预案、电客车火灾应急预案、正线车站大面积停电应急预案、信号系统故障应急预案、爆炸应急预案、突发大客流应急预案等。

③ 公共卫生事件类。主要有国家或地方发生疫病传播等紧急事件情况时的应急预案。

④ 社会安全事件类。主要有毒气袭击应急预案、突发治安事件应急预案等。

（2）按照突发事故（事件）的危害及影响程度，应急预案可分为二级应急预案和三级应急预案。

① 二级应急预案。事件危害程度较大，涉及面较广，需要两个及以上专业共同处置的应急预案，一般为分公司级的应急预案。

② 三级应急预案。事件危害程度一般及以下或涉及单一专业，部门内部能够处置完成的应急预案，一般为部门级应急预案。

苏州地铁二级应急预案，如表7-1所示。

表 7-1 苏州地铁运营分公司二级应急预案

序号	类别	应急预案项目
1	自然灾害类	恶劣天气应急预案
2		汛期防洪应急预案
3		地震应急预案
4	社会安全类	突发治安事件应急预案
5		毒气袭击应急预案
6	公共卫生类	国家或地方发生疫病传播紧急事件情况时应急预案
7	事故灾害类	OCC 火灾应急预案
8		爆炸应急预案
9		钢轨折断应急预案
10		弓网故障应急预案
11		接触网大面积停电应急预案
12		列车冲突应急预案
13		列车故障救援应急预案
14		列车挤岔应急预案
15		列车倾覆应急预案
16		列车脱轨应急预案
17		区间隧道泄漏应急预案
18		人车冲突应急预案
19		通信传输中断应急预案
20		外界设施侵限应急预案
21		线路下沉、隆起、坍塌应急预案
22		线路胀轨跑道应急预案
23		车站火灾应急预案
24		电客车火灾应急预案
25		突发大客流应急预案
26		车站大面积停电应急预案
27		信号系统故障应急预案

（四）城市轨道交通事故应急处理原则

城市轨道交通应急处理原则有：

1. 突发事件前（事前）

事前应对突发事件按照"预防为主、预防与应急相结合"的原则来制定突发事件应急预案。

2. 突发事件中（事中）

突发事件发生时要积极采取措施，迅速抢救，坚持"先救人、后救物、先全面、后局部、先正线、后其他"的原则，以及"先通后复"的原则，快报告、快处理、快开通，优先组织人员疏散、进行伤员抢救，同时兼顾设备和环境的防护，尽快恢复运营，减少损失。

3. 突发事件后（事后）

事后要按照"四不放过"的原则，即事故原因没有查清不放过、事故责任者没有严肃处理不放过、广大员工没有受到教育不放过、防范措施没有落实不放过来处理事故，找出原因，分清责任，吸取教训，制定措施，防止同类事故再次发生，并按规定进行汇报。

二、突发事件的应急组织

（一）抢险组织

1. 组织原则

（1）以人为本、预防为主。

（2）统一指挥、分工协作。

（3）快速反应、先通后复。

（4）依靠科技、规范管理。

2. 领导指挥

（1）在现场总指挥到达之前，若事故发生在区间，由司机负责；根据需要，行车调度员安排事故区间邻近车站值班站长（或站长）到达事故现场后，由该值班站长（或站长）负责。若事故发生在车站或车辆段，由值班站长（或站长）、车辆段调度员负责。

（2）现场总指挥到达现场后由现场总指挥接管，并组织开展工作。

（二）运营组织

列车司机接到调度部门发布的影响运行情况通知后，应在第一时间做好现场宣传解释和客运组织工作，其他人员积极配合。

（三）应急处理中的信息报告

1. 报告的基本原则

突发事件报告的基本原则：快捷、准确、直报、续报。

2. 向 OCC 的报告内容

在突发事件发生后,各单位须在第一时间向 OCC 报告如下内容:

(1) 呈报人的单位、姓名、职位及联络电话号码。

(2) 事件发生日期(月、日)、时间(时、分)。

(3) 事件发生地点(线路、车站、上下行线、里程标等)或列车车次、车次号、位置及当时车站、列车上的乘客量。

(4) 事件概况及发展态势、可能影响运营程度、人员伤亡情况、设备损坏情况及影响范围。

(5) 事件的起因或故障症状。

(6) 现场情况。

(7) 已采取的行动和请求支援事项。

三、乘务应急处理信息汇报与传递

(一) 信息的分类

客运营销信息分为常规生产信息和突发事件信息。常规生产信息主要包括客运信息、安全提醒类信息、营销活动信息、车间生产日报、运作信息等;突发事件信息则可按内容、性质与影响程度进行分类。

1. 突发事件信息按内容分类

突发事件信息按内容可分为以下三类:

(1) 运输秩序受影响,主要指行车事件、行车设备故障等。

(2) 人身安全受影响,主要指公共安全、公共卫生、员工工伤等。

(3) 服务质量受影响,主要指其他设备故障、恶劣天气、大客流等。

2. 突发事件信息按性质及影响程度分类

突发事件信息按性质及影响程度可分为二级,具体分类别级如表 7-2 所示。

表 7-2 突发事件信息按性质及影响程度分类表

分类	分级	突发事件
运输秩序受影响	一级	列车预计晚点 5 min 以上
		车站、列车发生火灾、爆炸、毒气袭击
		列车故障救援
		列车挤岔、冲突、脱轨、倾覆
		运营期间,车站、接触网大面积停电
		线路下沉、隆起、坍塌、胀轨、钢轨折断

续表

分类	分级	突发事件
运输秩序受影响	一级	区间隧道泄漏
		外界设施或者物体侵限,长时间不能恢复
		其他构成安全事件苗头及以上的事件
		其他有必要的情况
	二级	列车晚点预计2~5 min
		线路临时限速、临时限速取消
		运营时间乘客或不明人员进入正线区间
		其他有必要的情况
人身安全受影响	一级	车站、列车上劫持人质
		公司现金等有价证券被盗、抢
		人员在列车上发生严重伤害或死亡
		列车上发生群伤
		员工发生严重伤害或死亡
		其他构成安全事件苗头及以上的事件
		其他有必要的情况
	二级	乘客在列车上闹事且对运营造成影响
		列车上发放反动宣传物品
		员工涉嫌违法被公安人员带走调查处理
		其他有必要的情况
服务质量受影响	一级	列车区间清客
		其他有必要的情况
	二级	有媒体到车站采访
		其他有必要的情况

(二) 信息汇报要求

1. 信息汇报形式

信息汇报形式主要有电话、钉钉、邮件等。

2. 信息报送对象

(1) 常规生产信息发送对象为该信息相关人员。

(2) 突发事件信息,一级必须最终报至中心主任,二级必须报至车间主任。

3. 信息汇报原则

（1）迅速原则。

① 钉钉信息由车间调度及时发出或收到分公司钉钉信息 3 min 内转出，车间生产日报由车间调度在次日的 8：30 前发出，运作信息由生产科及各车间根据生产实际情况实时发出。

② 突发事件信息，相关人员必须在事件发生 3 min 内按信息汇报流程报出。如遇相关人员联系不上可越级上报，确保信息能迅速传递。

（2）准确原则。

准确原则主要包括汇报四要素：

① 时间。汇报时要说清楚事件发生的时、分。

② 地点。汇报时要说清楚事件发生的具体地点。

③ 人物。男、女、是否员工、年龄等。

④ 事件简要经过及初步判断影响。

（3）真实原则。

信息汇报要实事求是，在未弄清楚事实前不能臆测，更不能为了减轻责任而弄虚作假。

（4）持续原则。

突发事件的汇报不仅指事件发生的当时，随着事件处理的进展，还包括救援、处理过程及处理结果的阶段性汇报，以及恢复后的汇报。

（三）钉钉信息发布要求

1. 常规生产信息发布要求

常规生产信息由各车间调度及时发出，或将分公司钉钉群中的信息及时转发至本车间的钉钉群中。

2. 突发事件信息发布要求

（1）分公司钉钉群及警企互通群中的突发事件信息，由车间调度将与本车间相关的信息在车间钉钉群中进行及时转发；本车间的突发事件信息由本车间调度及时在车间钉钉群中发出，便于车间及相关工程师、工班长等人员了解并及时跟进。

（2）对于现场突发事件处置进展或补充说明的信息，由车间调度统一在分公司钉钉群中进行及时补充、更新。

（3）对于中心内部的信息通报、相关技术问题的讨论和不宜在分公司钉钉群中发布的信息，各车间调度、班组长或专业工程师可及时在中心或者车间信息互通群中进行发布、讨论。

（4）对于无法确定是否需要在分公司钉钉群或警企互通群发布的突发事件信息，可逐级汇报至车间领导。

(四) 突发事件汇报流程

1. 一级突发事件汇报流程

一级突发事件的汇报流程如图 7-1 所示。

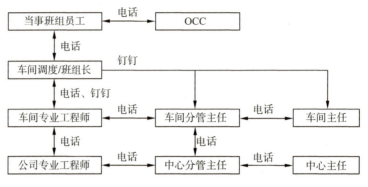

图 7-1　一级突发事件汇报流程图

2. 二级突发事件汇报流程

二级突发事件的汇报流程如图 7-2 所示。

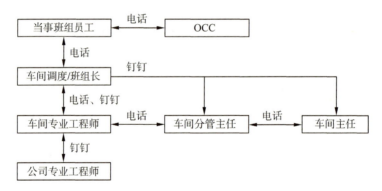

图 7-2　二级突发事件汇报流程图

(五) 其他规定

(1) 运作信息、车间生产日报及突发事件的分析材料，以邮件的形式报送至中心、车间及相关人员。

(2) 突发事件必须在当天的运营日报上有所反映。

(3) 突发事件书面分析材料在事件发生后 12 h 内报至相应的报送对象（专业工程师），由专业工程师复核后，报相应领导审阅后上报。

(4) 突发事件书面材料对外接口，须经中心专业工程师统一对外报送。

(5) 遇节假日或其他突发情况等的客流组织及支援信息，经车间领导同意后，可同步发布在分公司信息互通群中。

（六）突发事件接报后处置

1. 须赶赴现场处理的事件

（1）直接影响行车且对运营安全及运能造成较大影响、持续时间较长、后果较为严重的事件。

（2）事件处理主体车间相关人员赶赴现场，非事件处理主体车间相关人员视情况赶赴现场。

（3）其他事件可通过电话询问等形式了解情况，掌握一手资料。

2. 须赶赴现场处理事件的人员规定

（1）一级突发事件，车间、中心专业工程师必须赶到现场，车间、中心分管主任及车间、中心主任必须赶到现场，指挥或配合处理。

（2）二级突发事件，车间专业工程师必须赶到现场，车间分管主任必须赶到现场指挥或配合处理。

3. 赶赴现场时间规定

接到突发事件信息报告，须第一时间赶赴现场的必须立即赶赴现场。

四、全自动线路应急处理相关规定

（一）列车迫停区间时司机上车流程

行调提前对相应列车施加紧制，并通知司机上列车。司机到达端门处，向车站申请防护。车站操作相应端 SPKS 防护，并通知司机防护已设置。司机接收到防护已设置的通知后，方可下轨行区上区间列车，上车后汇报行调及车站，行调、车站接报后可缓解紧制、恢复 SPKS。

（二）全自动线路非正常情况运营场景（正线）

1. 远程紧急制动

（1）行调、场调可对线路上运行的单列、区域或全线列车实施紧急制动和缓解紧急制动。

（2）操作远程紧急制动须遵循"谁操作，谁缓解"的原则。

（3）无特殊情况不得使用区域或者全线远程紧急制动功能。

（4）已对列车施加远程紧急制动后，必须通过远程设备或与司机联控确认现场紧制条件消除后，方可远程缓解紧急制动。

2. 紧急手柄

(1) 紧急手柄分为常用位、请求位、解锁位三个挡位。当列车检查到 0 速后，紧急手柄才允许打至解锁位。

(2) 列车紧急手柄打至请求位时，列车进入条件停车模式，将运行至前方车站，司机前往处理，并复位紧急手柄。

(3) 站停列车、列车出站过程中（列车与站台有重叠区域）紧急手柄拉下激活时，司机前往处理，并复位紧急手柄。

(4) 紧急手柄无法人工复位时，行调通知司机现场隔离车门后，列车转人工驾驶。

(5) 列车区间停车紧急手柄打至解锁位时，系统自动触发区间疏散状态。以下分两种情况：

① 列车有人值守时，行调通知司机接管列车控制权，司机须确认有无人员下车。司机如确认无人下车，广播引导乘客或由司机现场恢复紧急手柄；司机如确认有人下车，则引导乘客返回车厢并恢复紧急手柄后，根据行调命令限速运行；司机如无法引导乘客返回车厢，汇报行调，启动"区间寻人"程序。

② 列车无人值守时，行调扣停后续相关列车，调取事发列车现场 CCTV 监控画面，在排除发生爆炸、火灾危及乘客安全的情况后，做好安全防护措施，启动"区间寻人"程序。

3. 蠕动模式

(1) 车载 TCMS 与 OBCU 网络连接故障时，FAM 驾驶模式列车产生紧急制动，主动申请进入 CAM 模式驾驶，行调授权后列车以 CAM 模式运行至车站停车。列车到站打开车门不关闭，等待人工处理。

(2) DTO 模式列车禁止使用 CAM 模式驾驶，行调通知司机接管控制权，后续按行调指令行车。

(3) UTO 模式列车在进入 CAM 模式驾驶前，行调需确认前方车站空闲并通知司机待列车进站后接管列车控制权，后续按行调指令行车。

(4) 蠕动模式下，列车运行过程中产生紧急制动不可缓解时，行调通知司机上车现场处置。

4. 雨雪模式

(1) 行调可通过 ATS 系统工作站，对每个正线站台或 ECC 区域设置或取消雨雪模式。

(2) 行调发现在同一区域有列车多次出现空转打滑现象，可对相关区域设置雨雪模式。

(3) 当行调向区段设置/取消雨雪模式失败时，行调确认工作站相关报警信息，可再次进行设置。

5. 区间寻人

（1）区间寻人相关要求。

① 因乘客操作紧急手柄至"解锁"位自动触发区间疏散状态、车地通信设备故障，无法判断车门是否有打开记录，或区间进人时，启动区间寻人。

② 区间寻人分为"人工区间寻人""列车区间寻人"，由行调根据故障情况组织启动。

③ 事发区间有岔区、旁通道、区间泵房、共用疏散平台等上下行贯通条件时，行调组织上下行均启动区间寻人，巡视范围包括旁通道、区间泵房等。事发区间有联络线时，须通知邻线采取相应措施。

④ 人工区间寻人后，行调安排事发区段前三列车分别以人工驾驶模式限速 25 km/h、25 km/h、45 km/h 运行，后三列车采用 CBTC-SM 模式以正常速度运行，确认无异常后恢复正常运行。

⑤ 启动"人工区间寻人"时，由车控室设置、撤除 SPKS 防护。

（2）区间寻人程序。

① 人工区间寻人按以下程序执行：

- 行调确认信号系统联动或设置站台扣车、远程停车防护后，向事发区间两端车站发布人工区间寻人命令。
- 车站接到区间寻人命令后，开启区间照明。在 DTO 模式时，车站安排工作人员分别从两端车站相应端门进入区间；在 UTO 模式时，车站安排工作人员（至少一人为司机）分别从两端车站相应端门进入区间。
- 工作人员从两端同步往区间行走寻人，并引导误下车乘客返回站台或车厢。
- 司机与其余工作人员确认人员全部出清后，上车接管列车控制权，并汇报行调。

② 列车区间寻人按以下程序执行：

- 行调确认信号系统联动或设置站台扣车、远程停车防护后，向事发区间两端车站发布列车区间寻人命令。
- 司机步行至无人值守迫停列车处，确认列车前方、底部、两侧无人后，上车接管列车控制权，汇报行调。
- 行调安排司机以 25 km/h 的速度运行寻人，并安排后续三列车分别以 25 km/h、25 km/h、45 km/h 的速度进入区间寻人。
- 后三列车采用 CBTC-SM 模式以正常速度运行，确认无异常后恢复正常运行。
- 列车运行经过有上下行、联络线贯通条件的区段处应停车查看，同时邻线执行相同限速寻人要求。

6. 驾驶模式转换

（1）在运营期间内，电客车自动驾驶模式（FAM、AM）和 ATP 监督下人工驾驶模式属于正常驾驶模式；限制人工驾驶模式（RM）、非限制人工驾驶模式（EUM）、远程蠕动模式（CAM）、远程限制运行模式（FRM）属于非正常驾驶模式，原则上优先采用自动驾驶模式运行。

（2）FRM 模式驾驶只在 UTO 阶段使用。UTO 阶段需进入 FRM 模式，由行调通过 HMI 操作进入。操作进入前，行调需操作确认 FRM 进入条件检测通过，并确认列车运行前方一站两区间空闲且无低于 25 km/h 限速要求后，得到调度长授权，才可操作 HMI 让列车进入 FRM 模式。故障列车以 FRM 模式运行至前方站后，行调组织司机上车值乘。

（3）需进入 FRM 模式列车的运行路径中，有线路限速并低于 25 km/h 时，禁止该列车进入 FRM 模式运行。

7. 周界防护报警

（1）周界防护报警装置设置在地面站或场段、区间风井。当人员、物体侵入周界防护报警区域时，行调、场调通过 ISCS 确认报警信息，并通过 CCTV 自动跳转界面查看报警区域的现场情况。

（2）行调、场调可通过信号系统设置列车紧急停车、扣车等。

（3）DTO 模式下，行调、场调通知司机接管列车控制权，后续按轨行区进人处理。

（4）UTO 模式下，行调、场调通知司机上车接管列车控制权，后续按轨行区进人处理。

8. 车门与站台门间异物检测

（1）列车关门及站台门关闭后，自动启动异物检测系统。当检测到异物时会产生声光报警，站务人员须及时赶至现场清除异物，清除完成后汇报行调。

（2）如车门与站台门间无异物，但异物报警装置仍然报警并无法恢复时，行值及时汇报行调。行调关闭出站信号机进行自排；站务人员可直接通过 PSL 将相应探测模块打至旁路位并汇报行调。行调接报后，在确认夹人夹物故障报警消除后，排列出站进路。后续列车进站停稳后，站务人员及时取消旁路，使列车无法自动发车。列车上下客完毕关门后，站务人员至相应位置确认空隙安全后，重新将相应探测模块打至旁路位。

（3）如旁路位无效，车站及时操作互锁解除并汇报行调。

◆ 技能实训

实训 1　道岔故障应急处理

一、实训内容

（1）了解道岔故障的各种现象及产生原因。
（2）能够根据道岔故障时的各种不同情况，采取针对性的处置办法。

二、知识准备

（一）基础知识

1. 进路

列车在车站内运行的路径叫作进路。进路是由道岔位置决定的。

2. 道岔

道岔是轨道线路相连接或相交叉的设备总称，其作用是引导车辆由一条线路转往或越过另一条线路。

3. 道岔的左位、右位

道岔的左位是指面向尖轨，道岔开通左侧股时的位置（图 7-3）；右位是指面向尖轨，道岔开通右侧股时的位置（图 7-4）。

图 7-3　道岔左位

图 7-4　道岔右位

4. 道岔的操作

（1）正常情况下的操作：遥控操作、电气锁闭。

（2）故障情况下的操作：现场手摇、人工锁闭。

（二）道岔故障的相关概念

1. 道岔故障发生的时段

（1）运营期间：指运行图规定载客运营的时段。

（2）非运营期间：指当天运营结束至第二天开始载客运营之间的时段。

2. 道岔故障发生的地点

（1）折返站：指设有折返线、可供列车全部折返和临时停留检修的车站。

（2）中间站：指仅供乘客上下车之用的车站，功能单一。

（3）分界站：指有分叉运营线路的线路交汇站。

3. 道岔故障发生时的背景

（1）无车占用：进路未建立或建立后，列车未占用时。

（2）有车占用：进路建立后，列车运行至道岔区域发生故障时。

三、道岔故障现象及处理原则

1. 道岔故障时的现象（信号设备显示）

（1）道岔短闪：表示道岔转不到位的故障。

（2）道岔长闪：表示道岔挤岔的故障。

（3）道岔灰显：相应的道岔区段显示灰色，表示道岔状态无显示的故障。

（4）道岔区段红光带：相应的道岔区段显示为物理占用的红光带故障。

2. 道岔故障时的处理原则

从确保安全、减少操作步骤、缩短操作时间的角度出发，道岔故障处置原则为：

（1）能排进路不单操道岔，能单操道岔不手摇，尽量利用道岔可利用位置变更进路。

（2）优先考虑现场道岔既有位置，减少手摇工作量及进路准备时间。

（3）折返进路道岔，尽量考虑减少手摇工作量。

3. 司机正线作业遇到的现象

（1）运行至道岔区段列车产生信号紧制。

（2）限速通过道岔区段。

（3）进路不能开放，列车须越红。

四、道岔故障作业安全关键点

（1）停在故障道岔上列车严禁擅自动车。

(2) 需动车时必须得到行调命令，鸣笛、限速 5 km/h 越过。

(3) 边运营边抢修期间，抢修区域限速 25 km/h。

五、课后思考与实践

(1) 道岔发生故障时的作业关键点有哪些？

(2) 道岔发生故障会对正常运营造成哪些影响？

(3) 压在故障道岔上的列车再次动车需限速吗？如何判断列车停在道岔上？

(4) 现场判断道岔开通的位置（左右位）。

实训 2　ATP 系统故障应急处理

一、实训内容

(1) 学习 ATP 系统的基本组成和功能。

(2) 掌握 ATP 系统发生故障时的应急处理方法。

(3) 学习并理解"车载 ATP 系统故障处理程序"和"轨旁 ATP 系统故障处理程序"。

(4) 能够根据处理程序编写演练方案，并分岗位，采用角色扮演法分组进行模拟演练。

二、知识准备

（一）ATP 系统概述

ATC 系统中的 ATP 子系统是保证行车安全、防止列车进入前方列车占用区段和防止列车超速运行的设备。

1. ATP 系统设备组成

ATP 系统一般由轨旁设备和车载设备两部分组成。

(1) ATP 轨旁设备组成。

ATP 轨旁设备主要由 ATP 轨旁单元和相关的发送（接收）设备组成。轨旁设备根据 ATP 系统模式的不同而配备不同设备。图 7-5 为 ATP 轨旁设备。

图 7-5　ATP 轨旁设备

(2) ATP 车载设备组成。

ATP 车载设备一般由 ATP 车载单元、测速装置和接收（发送）装置组成。图 7-6 为车载应答器，图 7-7 为测速雷达。ATP 系统中，常用的车载设备配备方式有以下 3 种：

① 列车两头各有一套车载 ATP 设备，互为备用。

② 列车两头各有一套车载 ATP 设备，但互相独立，只控制各自的行驶方向。

③ 只配备一套车载 ATP 设备。

图 7-6　车载应答器　　　　　　　图 7-7　测速雷达

2. ATP 系统的功能和特点

(1) 区段保护和停车点的保护。

(2) 距离测量。

为实现 ATP 车载单元的安全功能，ATP 车载单元必须实时掌握车辆位置。距离测量为 ATP 单元的安全功能提供依据。

(3) 实际速度的测量。

列车的实际速度是借助于距离功能而计算的，列车的实际速度测量是走行距离除以时间，这个过程以给定的时间间隔被连续重复计算。列车的实际速度被连续测量，主要用于速度监督。

(4) 速度的监督。

① 对最大速度的监控。

监控值由实际速度、设计公差和相应模式中确定的最大恒定速度产生。当列车以高于规定的最大速度加上一个设计公差的速度行驶时，ATP 将启动紧急制动。

② 紧急制动情况下的速度监控。

列车是否停止由计算速度决定。当收到紧急停车报文时，如果列车还未停止，而且不是以 RM 模式运行，ATP 将启动紧急制动。

③ 无任何距离信息的速度监控。

启动以后，ATP 车载单元若没有得到车辆已通过轨道电路的最后变化信息，ATP 车载单元就不能对制动曲线进行监控。但它能简单地完成静态速度监控，监控速度是在这一轨道信息段有效的受限制的速度。

④ 具有距离信息的速度监控。

- 停车点监控。
- 对速度限制区段的监控。
- 对进入下一轨道信息段时的速度监控。
- 对速度限制的监控。
- 对车辆最大速度的监控。

(5) 列车追踪间隔。

列车追踪间隔功能保证了列车运行的监控，避免列车相撞。

(6) 安全限被侵犯情况下的紧急制动。

通过按压设在车站站台上的紧急停车按钮，紧急停车的报文信息由 ATP 轨旁单元通过轨道电路发送到列车，发送信息的轨道电路区段为站台区和离去区段，紧急停车报文的发送等效于轨道电路的占用。ATP 车载单元收到紧急停车报文后，启动紧急制动，直到列车停稳。

(7) 运行方向的监督。

在正线和试车线上，接收到轨旁设备发送的报文后，车载 ATP 单元对列车的运行方向监督，不允许列车倒行。

(8) 车门监控。

ATP 车载单元防止在站外开门和站内开错门；另外，列车在车门未全部关闭时运行，ATP 会产生紧急制动。

(9) 列车自动折返监控。

自动折返运行模式使列车在终点站能够自动折返（包括无人折返）。在这种模式下，列车在 ATP 系统的控制下运行，就是说，ATP 车载单元通过速度曲线连续对列车的运行进行监督。

（10）列车故障信息和紧急制动的记录。

ATP 车载单元有存储模块和诊断接口。当车载设备发生故障或列车发生紧急制动时，故障信息或紧急制动信息会被存储，另外车载单元的一些状态也会被记录。如果需要，可通过诊断电脑读取存储的数据，进行处理和显示。

（二）列车运行模式的基本特征及运用

列车运行模式主要有 ATO 模式、AR 模式、SM 模式、RM 模式和 NRM 模式等。

1. ATO 模式（自动列车驾驶）

ATO 模式，即列车在正线的正常运行（包括折返线和试车线）模式。在两站间自动运行，列车的运行不取决于司机。司机负责监督 ATP/ATO 指示显示、列车状况，所要通过的轨道、道岔、信号的状态，必要时加以干预。

2. AR 模式（自动折返）

这种模式是列车在折返站和具有换向功能的轨道区段使用。AR 模式包括列车的自动换向和有折返轨的自动折返。其中有折返轨的自动折返又可分为人工折返和无人折返。

3. SM 模式（监督人工驾驶）

这是列车在 ATO 发生故障的降级运行情况下的运行模式。在 SM 模式下，司机必须根据显示屏显示的推荐速度驾驶列车，要保持按下警惕按钮，否则会产生紧急制动。司机以 SM 模式驾驶列车进站，停车在停车窗内，ATP 给出门释放命令后，司机手动开门。

4. RM 模式（限制人工驾驶）

这种模式是列车在车辆段运行或联锁、轨道电路、ATP 轨旁设备发生故障及列车紧急制动后运行时的模式。列车由司机驾驶，司机负责监督 ATP/ATO 指示显示、列车状况，所要通过的轨道、道岔、信号的状态，速度不能大于 25 km/h，ATP 只提供 25 km/h 的超速保护。

5. NRM 模式（非限制人工驾驶）

这种模式是当车载 ATP 设备故障或联锁故障后，采用降级的行车组织办法时使用的行车模式。列车的运行完全由司机负责，没有ATP 的监控。

（三）列车的运行

1. 列车正常运行

所有设备正常的情况下，列车按照设计的模式运行。因车辆段没有安装轨旁 ATP 设备，且联锁设备为 6502 电气集中联锁或微机联锁，与 ATP 设备没有接口关系，列车在车辆段范围内只能以 RM 模式运行，车载 ATP 提供 25 km/h 的超速保护。列车的正线运行，根据列车运行的性质可分为折返运行和非折返运行。非折返运行是列车在正线线路上的正常运行。列车的折返运行分为自动折返和非自动折返。自动折返包括无折返轨的折返

（换向）和有折返轨的折返。

2. 列车在信号设备发生故障时运行

信号设备发生故障，将影响列车的运行。在所有信号设备的故障中，影响到列车改变运行模式的只有以下 4 类：联锁设备（包括道岔、信号机）、轨旁 ATP、轨道电路、车载信号设备。其中，联锁设备和轨旁 ATP 设备发生故障时，列车只能以 RM 模式运行；车载信号设备发生故障时，可根据故障设备的情况，采用相应的运行模式；ATO 设备发生故障时，轨旁设备（联锁、ATP、轨道电路）和车载 ATP 正常，列车以 SM 模式运行，否则只能用 RM 或 NRM 模式运行。

三、ATP 系统故障的现象及原因

（一）ATP 系统故障的现象

（1）当车载 ATP 系统发生故障时，列车产生紧急制动，须切除 ATP 以 NRM 模式运行。

（2）当轨旁 ATP 系统发生故障时，列车会非正常停车或紧急制动，可以以 ITC 模式、RM 模式或 NRM 模式运行。

（二）产生的原因

（1）车载 ATP 故障或未接收到信号。
（2）轨旁 ATP 故障或接收不到信号。

四、ATP 系统故障的应急处理程序

（一）车载 ATP 故障的处理程序

1. 处理方法

汇报行调，申请切除 ATP，以 NRM 模式运行。ATP 旁路开关如图 7-8 所示。

2. NRM 模式运行注意事项

（1）NRM 模式运行中，司机应加强瞭望，认真确认地面信号显示及道岔位置。

（2）司机应严格按照行规中 NRM 模式限速和线路限速要求运行，严禁超速、臆测行车，发现异常，果断采取紧急制动措施，做到"宁可错停，不可盲行"。

图 7-8 ATP 旁路开关

(3) NRM 模式运行中时，司机按要求做好客室人工广播，客室自动广播无效。

(4) 列车进站时，司机应注意控制速度。进站速度应控制在 30 km/h 以下，做到对标停车，避免冲标或冒进信号。

3. 切除 ATP 安全注意事项

(1) 当发生车载信号设备故障，须切除 ATP 时，必须得到行调授权且开关门作业完毕，方可切除 ATP。

(2) 司机切除 ATP 后，立即将门模式置于 OFF 位。当车门无法正常打开时，司机立即检查门模式位置。

(3) 司机必须明确运行区间，在得到行调动车指令并确认地面信号正确后，方可动车。

(4) 司机切除 ATP 后应立即汇报司机长，司机长应提醒司机注意各项限速、进站对标及开关门等安全注意事项，并安排人员上车。

4. NRM 模式站台作业注意事项

(1) NRM 模式驾驶时，司机应严格执行"先上站台后开门"制度，且按压开门按钮时间不得少于 2 s。

(2) 站台作业时，司机须手动开关屏蔽门并认真确认双门开启情况，避免发生漏开、迟开屏蔽门事件。

5. 恢复 ATP 及信息反馈要求

(1) 在行调指定的站台，司机开关门作业完毕后，立即关主控钥匙，再恢复 ATP，待 120 s 后开主控钥匙，查看 HMI 屏显示是否正常，其间做好客室广播。

(2) 运行中，司机加强信息记录与汇报，严禁漏报、错报、迟报、谎报运行信息。

（二）轨旁 ATP 故障的处理程序

1. 处理方法

(1) 降级 ITC 运行，按照安全级别由高到低的顺序选择驾驶模式。

(2) 采用电话闭塞法运行。

2. ITC 模式运行注意事项

(1) 列车须降级为 ITC 模式运行前，司机须报行调并得到行调授权。

(2) ITC 模式运行中，行车凭证为地面信号及车载信号显示，司机应严格按照推荐速度运行。

(3) ITC 模式运行中，屏蔽门与车门不联动，司机站台开关门作业顺序为"车→屏→屏→车"。

(4) 司机应注意"确认"按钮的使用时机。

① 司机站台开关门作业完毕，须确认信号机显示绿灯/黄灯后，方可按压"确认"

按钮释放监控速度。严禁进站时盲目按压"确认"按钮释放监控速度,以免造成冒进信号。

② 如需手动跳停时,司机须确认出站信号机开放绿灯/黄灯,HMI 出现低速释放提示后,方可按压"确认"按钮。

(5) ITC 模式运行,司机遇信号机显示红灯、灭灯、引导信号时,必须在该信号机前停车,报行调并得到行调同意后,降为 RM 模式通过;如遇引导信号,司机需确认开放红、黄信号后,在 60 s 内越过;当引导信号关闭后,及时停车报行调,待信号再次开放并确认后,及时动车。

五、课后思考与实践

(1) 车载 ATP 发生故障时的处置流程有哪些?作业关键点是什么?
(2) 列车运行模式有哪些?
(3) 轨旁 ATP 故障的处理程序有哪些?

实训 3　联锁故障应急处理

一、实训内容

(1) 学习联锁基本组成和功能。
(2) 掌握联锁故障发生时的应急处理方法。
(3) 学习并理解电话闭塞法组织流程。
(4) 能够根据处理程序编写演练方案,采用角色扮演法分组进行模拟演练。

二、知识准备

(一) 联锁系统概述

轨道交通信号系统的任务就是保证行车安全、协调列车运行、提高运输效率。联锁系统是信号系统中保证列车行车安全的核心设备。联锁系统主要通过制定一系列联锁规则以制约信号的开放与关闭、道岔转动和进路的建立,并以技术手段来实现这些联锁规则,以此来保证行车安全。联锁系统以电气设备或电子设备实现联锁功能,以信号机、动力转辙机和轨道电路室三大件来实现联锁功能。计算机联锁不仅保持继电集中的优点,严密地继承了继电集中联锁的信号逻辑关系,而且对其不足之处做了改进,减少了继电器检修工作量和系统设计，同时便于和列车自动防护设备及列车自动驾驶设备接口，且便于对整个进路进行监督和管理。

（二）联锁故障现象

联锁故障时，列车运行过程中会产生信号紧制，HMI 上出现请求进入 RM 模式对话框且紧制无法缓解，此时有岔站，则须组织站务人员下线路钩锁道岔，列车在得到行调授权后以 RM、NRM 模式运行。

三、联锁故障组织程序

（一）电话闭塞法组织行车的时机

（1）正线全线或局部信号联锁故障。
（2）联锁站与车场信号联锁单方失效或同时失效。
（3）除特殊要求外，工程车或调试车出场、回场及在正线运行。此时车站、车场通过信号系统办理进路，列车按正常驾驶模式和速度运行，其他按照电话闭塞法规定及程序执行。
（4）联锁站或设备集中站管辖区域全部紫光带故障，此时无须下线路钩锁道岔，通过强行转岔将道岔转到正确位后单独锁闭即可。

（二）路票使用补充规定

（1）车站根据列车运行所在线路选择路票，即列车在上行线运行，选择上行路票，下行同理。
（2）列车须反方向运行时，路票必须加盖反方向运行专用章。
（3）路票如图 7-9 所示。

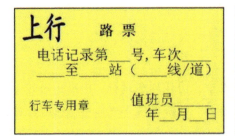 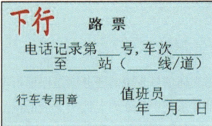

图 7-9　路票

（三）电话闭塞法组织行车的流程

（1）列车紧制，无法正常缓解。

（2）报行调，待令。

（3）接（群发）调令——现某联锁区信号联锁故障，区间紧制的列车确认无异常后，以 RM 模式动车。

（4）RM 模式动车（预选也为 RM）。

① 若在车站，停车待令。

② 若前方进路上无道岔，运行到前方站台停车报行调，待令。

③ 若前方进路上有道岔，则运行至岔前停车报行调，待令；再凭调令至前方站台停车报行调，待令。

④ 若列车停在道岔上，司机与行调确认联锁故障，并确认现场无异常后，限速 5 km/h 通过岔区，运行到前方站台停车报行调，待令。

⑤ 以 NRM 模式运行的列车，在故障区域内凭调令限速 25 km/h，运行到前方站台停车报行调，待令；或运行至道岔前停车报行调，待令，再凭调令至前方站台停车报行调，待令。

（5）接（群发）调令——采用电话闭塞法组织行车的命令。

（6）司机与车站人员交接路票，并唱票，确认路票无误后关双门。

（7）司机凭车站人员的发车手信号动车。

（8）司机运行至各站重复 6、7 步骤。

（9）接（群发）调令——取消电话闭塞法组织行车的命令。

（10）列车就近站恢复正常驾驶模式或列车出联锁故障区即可升级。

（四）电话闭塞法注意事项

（1）占用区间凭证：列车正线占用区间的凭证为路票（上行：黄色，下行：蓝色，司机应确认路票相关要素正确），列车出入场的凭证为电话记录号码。

（2）发车凭证：为站台人员显示的发车手信号，车场发车凭证为场调的无线电台口头通知。

（3）区间限速：实行电话闭塞后所有列车均限速 25 km/h，司机加强瞭望，认真确认道岔位置，注意行车安全。

（4）列车采用站后折返时，车站人工办理列车进路并确认进路空闲后，车站通过无线电台的口头通知及在适当的地点显示的发车手信号组织列车折返。无线通信故障时，由现场人员口头通知。

（5）列车进入和离开电话闭塞区段，司机自行进行模式切换。

(6) 司机加强运行信息反馈,与行调、车站、司机长做好沟通。

(7) 单个联锁区故障时,如轨道交通二号线,高铁北站联锁区故障时升降级在火车站;盘蠡路联锁区故障时升降级在平河路站。

(8) 采用电话闭塞法时,正线占用区间唯一凭证为路票。

四、课后思考与实践

(1) 电话闭塞法行车流程是什么?

(2) 在模拟驾驶台上练习 NRM 模式及 ITC 非正常行车。

(3) 进行电话闭塞法桌面演练练习。

实训 4　站台门操作

一、实训内容

(1) 学会操作端头控制盘(PSL)。

(2) 学会操作滑动门。

(3) 学会操作应急门。

二、知识准备

(一) 相关术语

(1) 联动:是指站台门控制系统接受信号系统的控制命令,与列车门同步开门或关门。

(2) 不能开门故障:是指信号系统、PSL 发出开门命令后,站台门不执行开门动作响应的故障。当某一门单元不执行开门动作响应的故障视为"××门单元不能开门故障"。

(3) 不能关门故障:是指信号系统、PSL 发出关门命令后,站台门不执行关门动作响应的故障。当某一门单元不执行关门动作响应的故障视为"××门单元不能关门故障"。

(4) 关闭且锁紧信号:是指站台门关闭后,由站台门控制系统形成的确认滑动门及应急门处于关闭且锁紧的信号。

(5) 隔离:此模式下可以将单个或多个门单元从控制回路中脱离出来,不接受信号系统及 PSL 的开关门命令,保证正常的运营。

(6) 自动:是指站台门单元的一种工作模式,此时门单元控制回路接受信号系统、

PSL 或 IBP 控制指令。

（7）手动开/关：是指站台门的一种工作模式，此时门单元控制回路不接受信号系统及 PSL 的开关门命令，并且此门体的开/关门状态不影响整侧站台门的关闭锁紧信号。

（二）站台门

站台门是指沿站台边缘布置，将车站站台与行车轨道区域隔开，可以消除乘客误落入轨道的危险因素，可以降低能耗的机电一体化设备。

1. 站台门的组成

站台门系统由机械和电气两部分构成，机械部分包括门体结构和门机传动系统，电气部分包括电源系统、控制系统及监视系统。

2. 站台门的编号

站台门的编号原则：站台门的滑动门与列车客室门在位置、数量上对应。运营中每侧站台门滑动门的编号为：按照站台运行正方向从头端界开始至尾端界依次为 1-1~1-X，N-1~N-X（N 为第 N 节车厢，X 为该节车厢第 X 个车门对应的滑动门）。

3. 站台门优先级控制

优先级由低到高：车站级自动控制（信号系统发送开关门命令）、站台端头 PSL 控制、车站 IBP 控制、滑动门 LCB 的操作控制、滑动门手动控制。

三、端头控制盘的操作

（一）端头控制盘概述

（1）每侧站台两端站台门端门外各设一套 PSL，PSL 的设置位置与正常停车时列车驾驶室门相对应，以便列车司机开关控制站台门。PSL 盘面及其组成如图 7-10 所示。

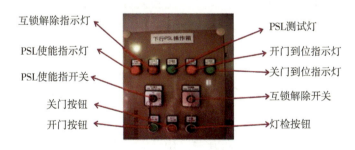

图 7-10　PSL 盘面

（2）PSL 具有对整侧站台门进行开关控制的功能，当信号系统无法对站台门进行开关控制时，司机或站台工作人员可通过 PSL 对站台门进行开关门的操作。

（3）当个别站台门因故障不能关闭锁紧而无法发车时，在人为保障安全的前提下，站台工作人员可通过 PSL 向信号系统发出"互锁解除"信号，允许列车离站。

（4）任何一道站台门（含应急门）没有关闭锁紧，则 PSL 面板上的站台门关闭锁紧状态指示灯灭。当车控室值班员将站台门控制权限切换至车控室综合后备盘（IBP）控制时，则中央控制盘（PSC）面板上的站台门紧急控制状态灯指示灯亮。

（二）操作 PSL 开关滑动门

1. 适用范围

当联动功能发生故障或联动功能未实现时，由司机或授权人员操作。

2. 操作步骤

（1）打开滑动门的操作步骤：

用专用操作钥匙插入"PSL 操作"钥匙开关，原始位置是无效位，将钥匙开关转到有效位，此时 PSL 操作箱上的红色操作指示灯亮，按下绿色的"开门"按钮，滑动门开始打开，此时绿色的"门闭锁"指示灯熄灭。当全部滑动门开到位后，黄色的"开门到位"指示灯亮。在打开过程中，各滑动门状态指示灯闪烁，门完全打开后各滑动门状态指示灯长亮。

（2）关闭滑动门的操作步骤：

按下红色的"关门"按钮，滑动门开始关闭，此时黄色的"开门到位"指示灯熄灭，滑动门完全关闭锁紧后，绿色的"门闭锁"指示灯亮。在关闭过程中，各滑动门状态指示灯闪烁。门完全关闭锁紧后，各滑动门状态指示灯熄灭，操作完成后，将"PSL 操作"钥匙开关由有效位打回到无效位，取出操作钥匙。

（三）操作 PSL 上的"互锁解除"开关

1. 适用范围

在使用联动功能时，当有滑动门/应急门无法关闭，或站台门安全回路出现故障，从而导致列车无法进站和出站时，由车站人员或授权人员操作"互锁解除"开关。

2. 操作步骤

"互锁解除"开关如图 7-11 所示。用专用钥匙插入"互锁解除"锁孔，原始位置是"互锁"，把钥匙顺时针拧到"解除"位并保持，这时 PSL 上的红色"互锁解除"指示灯长亮，待列车停稳在站台正确位置或离开站台行驶到安全区域时（列车尾部出清头端出站信号机），松开"互锁解除"钥匙开关。松开"互锁解除"钥匙开关后，PSL 上的"互锁解除"指示灯熄灭。

图 7-11 "互锁解除"开关

四、滑动门的操作

(一) 在站台侧手动打开滑动门

1. 适用范围

当站台门电源不能供电,联动功能、PSL 功能、LCB 功能、IBP 功能发生故障,滑动门发生故障或其他紧急情况时,由车站人员操作。

2. 站台侧手动打开滑动门的操作步骤

如图 7-12 所示,在站台侧将专用钥匙插入滑动门的锁孔,逆时针旋转,旋转到位后滑动门会自动打开一段距离,用力推开门扇,滑动门打开,此时滑动门有警报声,门头灯黄色常亮。

图 7-12 滑动门手柄

(二) 轨道侧手动打开滑动门

1. 适用范围

当站台门电源不能供电,联动功能、PSL 功能、LCB 功能、IBP 功能发生故障,滑动门发生故障或其他紧急情况时,由司机指导乘客操作。

2. 操作步骤

在轨道侧面,对滑动门向两侧拉滑动门的紧急操作手柄,此时滑动门会自动打开一定的距离,用力将滑动门推开,此时滑动门有警报声,门头灯黄色常亮。

五、应急门的操作

(一)手动打开应急门

1. 适用范围

因列车发生故障或停电等,导致列车车门不能对准滑动门,或发生其他紧急情况,乘客需要疏散时使用。

2. 操作步骤

在站台侧将专用的钥匙插入应急门中部的锁孔,旋转到位后应急门被手动解锁,相邻滑动门指示灯亮,此时用力向站台侧拉开门扇,打开应急门。如图 7-13 所示,在轨道侧向外推应急门中部的横杆,此时应急门被手动解锁,向外推应急门,应急门被打开。

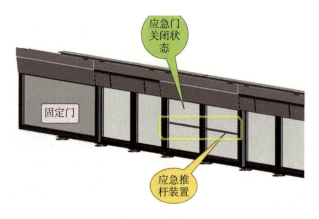

图 7-13　应急门

(二)手动关闭应急门

用手将应急门关闭,确认相邻滑动门指示灯是否熄灭,PSL 上的 "门锁闭" 指示灯是否点亮。

实训 5　站台门故障处理

一、实训内容

(1) 站台门故障时的职责分工和信息汇报。
(2) 学会站台门故障应急处置流程。
(3) 学会单个站台门打不开时的应急处理。
(4) 学会整侧站台门打不开时的应急处理。

二、知识准备

(一) 职责分工

(1) 电客车司机负责做好相关站台门的应急操作。
(2) 电客车司机在站台门故障时，根据行车调的要求控制车辆驾驶模式及进站速度。
(3) 电客车司机根据车站及行调的要求，引导乘客避开故障站台门下车。
(4) 电客车司机负责在列车动车出站前，确认站台门与列车之间空隙的安全。

(二) 电客车司机汇报内容

(1) 故障现象、发生地点（车站、上下行线、故障站台门位置）、车次等情况。
(2) 现场先期处置情况。

三、应急处理程序

(一) 站台门故障应急处置流程

(1) 信息续报：发现站台门故障，立即报 OCC。
(2) 前期处置：按 OCC 命令执行。
(3) 现场处置：关车门，确认空隙安全后，方可动车。
(4) 应急终止：动车后，将情况报 OCC。

(二) 单个站台门打不开时的应急处理

(1) 发现单个站台门打不开时，立即报 OCC。

(2) 电客车司机按规定流程进行现场处置。

(3) 乘客上下车完毕，凭车站"好了"的信号动车。动车前注意确认车门与站台门之间的空隙安全。

（三）整侧站台门打不开时的应急处理

发现所有站台门不能开门时，操作 PSL 开门，若仍不能开门，则立即报 OCC 通知车站派员前往协助处理。广播通知乘客："因站台门故障，请乘客按站台门上的指示操作开门把手，自行推开站台门下车。"乘客上下车完毕，在收到速度码后，司机凭车站"好了"的信号并获行车调度员同意后，以正常模式驾驶列车出站。如未收到速度码，应及时与站务人员共同确认互锁解除已正确操作，以 RM 模式动车。动车前注意确认车门与站台门之间的空隙安全。

四、课后思考及实践

(1) 故障处理后司机何时可以动车？动车的条件是什么？

(2) 发生故障后是否需要广播？由谁来广播？

(3) 如多扇站台门无法关闭会出现哪些问题？如何处理？

(4) 利用模拟驾驶器进行站台门故障的实际操作。

实训 6　暴雨天气时的应急处理

一、实训内容

(1) 了解恶劣天气的定义。

(2) 了解暴雨预警信号的含义。

(3) 掌握暴雨天气时的应急处理流程。

(4) 掌握暴雨天气时的处理注意事项。

二、知识准备

（一）恶劣天气的相关基础知识

1. 恶劣天气的定义

恶劣天气是指不利于人类生产和活动，或具有发生突然、移动迅速、天气变化剧烈、破坏力极大的局部灾害性天气。例如，暴雨、大风、高温、大雾、冰雹、大雪、冰冻、寒冷、低温等天气。

2. 暴雨的定义

暴雨是指每小时降雨量 16 mm 以上，或连续 12 h 降雨量 30 mm 以上，或连续 24 h 降雨量 50 mm 以上的降水。

3. 暴雨预警信号等级

暴雨预警信号分为 4 级，分别以蓝色、黄色、橙色、红色表示。

(1) 暴雨预警信号（蓝色）。

图标：如图 7-14 所示。

含义：12 h 内降雨量达 50 mm 以上，或者已达 50 mm 以上且降雨可能持续。

(2) 暴雨预警信号（黄色）。

图标：如图 7-15 所示。

含义：6 h 内降雨量达 50 mm 以上，或者已达 50 mm 以上且降雨可能持续。

图 7-14　暴雨预警信号（蓝色）

图 7-15　暴雨预警信号（黄色）

(3) 暴雨预警信号（橙色）。

图标：如图 7-16 所示。

含义：3 h 内降雨量达 50 mm 以上，或者已达 50 mm 以上且降雨可能持续。

(4) 暴雨预警信号（红色）。

图标：如图 7-17 所示。

含义：3 h 内降雨量达 100 mm 以上，或者已达 100 mm 以上且降雨可能持续。

图 7-16　暴雨预警信号（橙色）

图 7-17　暴雨预警信号（红色）

（二）恶劣天气时应急处理预案启动原则

以当地气象台发布的暴雨、雷雨大风、高温、大雾、冰雹、大雪、道路结冰、寒冷及低温等气象预警信号为准，由控制中心在受影响的线路范围内启动响应恶劣天气的应急处理预案。

（三）暴雨天气应急处理时电客车司机的职责及汇报内容

1. 职责

负责线路的瞭望与信息汇报，做好乘客安抚工作。

2. 汇报内容

（1）事件发生地点（线路、车站、上下行线、里程标等）、车次等情况。

（2）灾害对列车、线路、设备的影响程度，现场可见度等情况。

（3）现场前期处置情况。

3. 汇报对象

OCC行车调度员或车场调度员。

（四）隧道内线路积水时的处理

（1）各岗位在行车中发现线路积水时，应立即报行调，司机按规定速度运行。

（2）当 $h \geq 150$ mm 时（扣件以下，其中 h 为积水面距轨面高度，负值表示积水漫过轨面，h 值的测量，以积水最深处为准），允许列车以正常速度通过积水段。

（3）当 50 mm $\leq h < 150$ mm 时（扣件与工字钢下沿之间），允许列车按 25 km/h 速度通过积水段。

（4）当 0 mm $\leq h < 50$ mm 时（工字钢下沿以上至钢轨面），允许列车按 15 km/h 速度通过积水段。

（5）$h < 0$ mm 时（积水超过轨面），列车原则上禁止通过积水段。

三、暴雨天气的应急处理

（1）发生暴雨后，立即报场调或 OCC。

（2）OCC 启动相应专项应急预案命令。

（3）加强瞭望，及时向 OCC 汇报暴雨造成的影响。

（4）列车在地面、高架站线路时，经 OCC 同意后，可采用 SM 模式进站对标停车。

（5）列车在地下线路时，如发现线路水浸，立即报告 OCC，根据 OCC 要求执行。

（6）接到 OCC 应急终止命令，确认行车设备符合动车条件后，恢复正常驾驶。

四、课后思考与实践

（1）暴雨可能会对地铁造成哪些危害？
（2）在得知将会有暴雨天气时，应该做好哪些行车预想？
（3）利用模拟驾驶器进行暴雨天气的限速驾驶练习。

实训 7　台风、大风天气时的应急处理

一、实训内容

（1）了解台风、大风预警信号的相关知识。
（2）掌握台风、大风来临时的应急处理流程。

二、知识准备

（一）台风、大风预警信号的相关知识

1. 台风、大风的定义

（1）中心持续风速在 12 级至 13 级（即 32.7~41.4 m/s）的热带气旋为台风或飓风。
（2）大风在气象学中专指 8 级风。大风时，陆地上树枝折断，迎风行走感觉阻力很大；海洋上的近港海船均停留不出。

2. 大风预警信号

大风预警信号分为 4 级，分别以蓝色、黄色、橙色和红色表示。

（1）大风预警信号（蓝色）。

图标：如图 7-18 所示。

含义：24 h 内可能受大风影响，平均风力可达 6 级以上，或者阵风 7 级以上；或者已经受大风影响，平均风力为 6~7 级，或者阵风 7~8 级并可能持续。

（2）大风预警信号（黄色）。

图标：如图 7-19 所示。

含义：12 h 内可能受大风影响，平均风力可达 8 级以上，或者阵风 9 级以上；或者已经受大风影响，平均风力为 8~9 级，或者阵风 9~10 级并可能持续。

图 7-18　大风预警信号（蓝色）　　图 7-19　大风预警信号（黄色）

（3）大风预警信号（橙色）。

图标：如图 7-20 所示。

含义：6 h 内可能受大风影响，平均风力可达 10 级以上，或者阵风 11 级以上；或者已经受大风影响，平均风力为 10~11 级，或者阵风 11~12 级并可能持续。

（4）大风预警信号（红色）。

图标：如图 7-21 所示。

含义：6 h 内可能受大风影响，平均风力可达 12 级以上，或者阵风 13 级以上；平均风力为 12 级以上，或者阵风 13 级以上并可能持续。

图 7-20　大风预警信号（橙色）　　图 7-21　大风预警信号（红色）

3. 台风预警信号

台风预警信号分为 4 级，分别以蓝色、黄色、橙色和红色表示。

（1）台风预警信号（蓝色）。

图标：如图 7-22 所示。

含义：表示 24 h 内可能或者已经受热带气旋影响，沿海或者陆地平均风力达 6 级以上，或者阵风 8 级以上并可能持续。

（2）台风预警信号（黄色）。

图标：如图 7-23 所示。

含义：表示 24 h 内可能或者已经受热带气旋影响，沿海或者陆地平均风力达 8 级以上，或者阵风 10 级以上并可能持续。

图 7-22　台风预警信号（蓝色）　　图 7-23　台风预警信号（黄色）

（3）台风预警信号（橙色）。

图标：如图 7-24 所示。

含义：表示 12 h 内可能或者已经受热带气旋影响，沿海或者陆地平均风力达 10 级以上，或者阵风 12 级以上并可能持续。

（4）台风预警信号（红色）。

图标：如图 7-25 所示。

含义：表示 6 h 内可能或者已经受热带气旋影响，沿海或者陆地平均风力达 12 级以上，或者阵风达 14 级以上并可能持续。

图 7-24　台风预警信号（橙色）　　图 7-25　台风预警信号（红色）

（二）台风、大风天气应急处理时电客车司机的职责及汇报内容

1. 职责

负责线路的瞭望与信息汇报，做好乘客安抚工作。

2. 汇报内容

（1）事件发生地点（线路、车站、上下行线、里程标等）、车次等情况。

（2）灾害对列车、线路、设备的影响程度，现场可见度等情况。

（3）列车上有无人员伤亡情况。

（4）现场前期处置情况。

3. 汇报对象

OCC 行车调度员或车场调度员。

三、台风、大风天气时的应急处理方案

（1）加强瞭望，发现雷雨或大风来临，及时报 OCC，接 OCC 命令启动相关应急预案的命令。

（2）风力达到一定级数时，根据现场情况及行调命令，采用人工驾驶模式，按照规定限速行驶。

（3）因台风、大风造成地面、高架车站的站台门、车门无法同时打开时，司机应先打开站台门，视风压平稳后，再打开车门。

（4）应避免急促加速或减速列车，使列车尽量平稳地运行；运行中若发现列车有摇摆等异常现象，降低运行速度，并及时报告行调。

（5）若需就地停车避风的，司机做好列车防溜，降下受电弓，并做好乘客广播服务工作。

（6）如造成车辆、供电、行车灯设备损坏，影响正常行车时，报 OCC，停车待令，做好乘客安抚工作。

（7）加强瞭望，发现线路上有异物等危及行车安全的情况应紧急停车，并及时报告行调。

（8）接 OCC 应急终止命令后，恢复正常驾驶。

（9）风力级数相关限速：

① 当风力达 7 级时，通知地面、高架区段的工程车司机限速 30 km/h 运行至就近车站、隧道或车场避风。

② 当风力达 8 级时，通知地面、高架区段的电客车司机采用人工驾驶模式，限速 60 km/h 运行，工程车停止在该区段行车。

③ 当风速达 9 级时，通知地面、高架段区段的电客车司机采用人工驾驶模式，限速 20 km/h 运行至就近车站停运。

④ 当风力达 10 级及以上时，停止地面、高架区段的所有行车及接触网供电，关闭受影响的相关车站。

四、课后思考与实践

（1）台风、大风可能会对地铁造成哪些危害？

（2）大风情况下双门不联动，先开车门有什么影响？

（3）利用模拟驾驶器进行台风、大风天气的限速驾驶练习。

实训 8　暴雪、冰雹、结冰、霜冻天气时的应急处理

以下以暴雪天气为例进行介绍。

一、实训内容

(1) 了解暴雪天气预警信号的含义。
(2) 掌握暴雪来临时的应急处理流程。

二、知识准备

(一) 暴雪的相关基础知识

1. 暴雪的定义

暴雪指自然天气现象的一种降雪过程，指在 24 h 内降雪量超过 10 mm。

2. 暴雪预警信号

暴雪预警信号分为 4 级，分别以蓝色、黄色、橙色、红色表示。

(1) 暴雪预警信号（蓝色）。

图标：如图 7-26 所示。

含义：12 h 内降雪量将达 4 mm 以上，或者已达 4 mm 以上且降雪持续，可能对交通或者农牧业造成影响。

(2) 暴雪预警信号（黄色）。

图标：如图 7-27 所示。

含义：12 h 内降雪量将达 6 mm 以上，或者已达 6 mm 以上且降雪持续，可能对交通或者农牧业造成影响。

图 7-26　暴雪预警信号（蓝色）　　图 7-27　暴雪预警信号（黄色）

(3) 暴雪预警信号（橙色）。

图标：如图 7-28 所示。

含义：6 h 内降雪将达 10 mm 以上，或者已达 10 mm 以上且降雪持续，可能对交通或者农牧业造成较大影响。

(4) 暴雪预警信号（红色）。

图标：如图 7-29 所示。

含义：6 h 内降雪量将达 15 mm 以上，或者已达 15 mm 以上且降雪持续，可能对交通或者农牧业造成较大影响。

图 7-28　暴雪预警信号（橙色）　　图 7-29　暴雪预警信号（红色）

（二）暴雪天气应急处理时电客车司机岗位的职责及汇报内容

1. 职责

负责线路的瞭望与信息汇报，做好乘客安抚工作。

2. 汇报内容

（1）事件发生地点（线路、车站、上下行线、里程标等）、车次等情况；

（2）灾害对列车、线路、设备的影响程度，现场可见度等情况。

（3）现场前期处置情况。

3. 汇报对象

OCC 行车调度员或车场调度员。

三、暴雪天气时的应急处理方案

（1）发生暴雪，立即报车场调度员或 OCC，接 OCC 启动相应专项应急预案的命令。

（2）加强瞭望，及时向车场调度员或 OCC 汇报暴雪造成的影响。

（3）根据现场情况控制列车运行速度，影响行车安全时，立即停车，向信号楼或 OCC 汇报，做好乘客安抚工作。

（4）注意监视列车运行状态，发现有"空转滑行"等异常现象，降低运行速度，向行调报告，并做好信息续报。

（5）发现危及行车安全的情况应紧急停车，及时报告行调。

（6）接到信号楼或 OCC 应急终止命令，按信号楼或 OCC 命令，恢复正常驾驶。

四、课后思考与实践

（1）暴雪可能会对地铁造成哪些危害？
（2）列车运行中产生空转滑行，司机该如何应对？

实训 9　大雾天气时的应急处理

一、实训内容

（1）了解大雾天气预警信号的含义。
（2）掌握大雾天气时的应急处理流程。

二、知识准备

（一）大雾的相关基础知识

1. 大雾的定义

大雾是指由于近地层空气中悬浮的大量小水滴或小冰晶，造成水平能见度不足 500 m 的一种天气现象。在近地层空气中悬浮大量小水滴或冰晶微粒，使人的视线模糊不清，当事人的水平能见度下降到 1 000 m 以下时，就称为雾。

2. 大雾预警信号

大雾预警信号分为三级，分别以黄色、橙色、红色表示。

（1）大雾预警信号（黄色）。

图标：如图 7-30 所示。

含义：12 h 内可能出现能见度小于 500 m 的雾，或者已经出现能见度小于 500 m、大于等于 200 m 的雾并将持续。

图 7-30　大雾预警信号（黄色）

（2）大雾预警信号（橙色）。

图标：如图 7-31 所示。

含义：6 h 内可能出现能见度小于 200 m 的雾，或者已经出现能见度小于 200 m、大于等于 50 m 的雾并将持续。

图 7-31　大雾预警信号（橙色）

(3) 大雾预警信号（红色）。

图标：如图7-32所示。

含义：2 h 内可能出现能见度小于 50 m 的雾，或者已经出现能见度小于 50 m 的雾并将持续。

图7-32　大雾预警信号（红色）

（二）大雾天气应急处理时电客车司机岗位的职责及汇报内容

1. 职责

负责线路的瞭望与信息汇报，做好乘客安抚工作。

2. 汇报内容

(1) 事件发生地点（线路、车站、上下行线、里程标等）、车次等情况。

(2) 灾害对列车、线路、设备的影响程度，现场可见度等情况。

(3) 现场前期处置情况。

3. 汇报对象

OCC 行车调度员或车场调度员。

三、大雾天气时的应急处理方案

(1) 若能见度低，影响瞭望时，应开启列车头灯，采用人工驾驶模式，并根据能见度控制列车运行速度：

① 客车限速要求。能见度小于 30 m 时，限速 10 km/h；能见度在 30～50 m 之间时，限速 25 km/h；能见度小于 100 m、大于 50 m 时，限速 45 km/h；能见度小于 200 m、大于 100 m 时，限速 60 km/h。

② 工程车限速要求。能见度小于 30 m 时，限速 10 km/h；能见度在 30～50 m 之间时，限速 20 km/h；能见度小于 100 m、大于 50 m 时，限速 30 km/h；能见度小于 200 m、大于 100 m 时，限速 40 km/h。

(2) 若运行中发现列车发生空转滑行等异常现象，降低运行速度，并报告行调。

(3) 及时向行调报告大雾的最新情况，加强瞭望，发现危及行车安全的情况应紧急停车，并及时报告行调。

四、课后思考与实践

(1) 大雾天气对地铁运行有哪些影响？

(2) 司机运行至地面或高架线路时，发现大雾该怎么办？

(3) 利用模拟驾驶器进行大雾天气的限速驾驶练习。

实训 10　火灾现场的应急处理

一、实训内容

(1) 了解火灾的危害、成因及特性。
(2) 熟知轨道交通的消防设备设施,并熟悉设备操作与维护。
(3) 掌握轨道交通火灾应急处理原则和处置程序。
(4) 了解轨道交通火灾处理过程中的注意事项。

二、知识准备

(一) 轨道交通火灾的危害及成因

1. 危害

轨道交通部分建筑深埋于地下的封闭空间,区间隧道内敷设有各种电气线路、电缆;地下车站设有大量的变配电、空调机组、通信、信号、环控系统、给排水系统等设备;运行列车上设有电机电器、高压电缆、润滑油料;地铁客流量大、人员密集,因此存在着极大的潜在火灾危险性。

统计显示,在城市轨道交通系统所有的发生灾害中,火灾所占比例最高,约30%。地铁火灾一旦发生,后果严重,人员伤亡与财产损失都较大。如1987年11月18日晚,伦敦国王十字地铁车站发生重大火灾,持续4个多小时造成32人死亡,100多人受伤,经济损失严重;2003年2月18日,韩国大邱地铁发生人为纵火事件,造成198人死亡,146人受伤,289人失踪。轨道交通火灾事故的预防和应对已为国际社会所共同关注。

2. 成因

轨道交通火灾的发生可归结为4大因素:人为因素、物的因素、环境因素及管理因素。成因细分如表7-3所示。

表 7-3　轨道交通火灾成因细分

成因	因素细分
人为因素	(1) 施工违章操作;(2) 乘客抽烟引发;(3) 人为故意纵火或恐怖袭击等
物的因素	(1) 电气设备线路存在隐患;(2) 乘客违禁携带易燃、易爆物品;(3) 地铁工程及车辆材料选用不当;(4) 消防设施设置不当;(5) 附属设施及装备没有重视安全化处理

续表

成因	因素细分
环境因素	（1）社会局势发生动荡；（2）没有建立良好的法治体系的社会环境；（3）人们的消防意识薄弱；（4）自然环境变化引发；（5）地铁运营环境不舒适导致
管理因素	（1）劳动组织不合理、安全管理及操作规范与流程不完善；（2）职工安全教育和安全技能培训不足；（3）设备设计不合理，硬件设施管理上存在安全隐患；（4）相关部门没有承担起相应的管理职能

（二）轨道交通火灾的特性

（1）突发性强，恐慌与混乱程度大。

（2）空气中氧气含量急剧下降，温度迅速上升，发烟量大，排烟排热差。

（3）障碍物多，人员疏散困难，疏散速度慢。

（4）火源探测与灭火救援困难。

（三）轨道交通主要消防设施设备

1. 信息通报系统

（1）火灾探测器。

火灾探测器在火灾初燃生烟阶段，会自动发出火灾报警信号，以期将火扑灭在成为灾害之前。根据结构不同，火灾探测器分为感烟火灾探测器、感温火灾探测器、感光火灾探测器、复合式火灾探测器及感可燃气体式火灾探测器；按其测控范围不同，又可分为点形火灾探测器和线形火灾探测器。火灾探测器的参考图如图7-33、图7-34所示。

图7-33　充电感烟火灾探测器

图7-34　电气火灾探测器

（2）手动火灾报警按钮。

车站站台、站厅和通道墙上均配备手动火灾报警按钮（图7-35、图7-36），上面有FIRE或FIREALARM字样。当确认火灾发生时，击碎玻璃、按下报警按钮即可。

图 7-35　手动火灾报警按钮　　　　　图 7-36　紧急通报按钮

2. 灭火系统

(1) 消火栓灭火系统。

消火栓灭火系统是最常用的灭火设备系统，它主要由蓄水池、加压送水装置（水泵）及室内消火栓设备构成。这些设备的电气控制包括水池的水位控制、消防用水和加压水泵的启动。水位控制能显示出水位的变化情况和高低水位报警及空水泵的开停。室内消火栓设备由水枪、水龙带、消火栓、消防管道等组成。为保证喷水枪在灭火时具有足够的水压，须采用加压设备。常用的加压设备有两种：消防水泵和气压给水装置。

消火栓如图 7-37 所示，消火栓使用方法如图 7-38 所示。

图 7-37　消火栓箱　　　　　图 7-38　消火栓使用方法

(2) 灭火器。

灭火器是一种轻便的灭火工具，它可以用于扑救初起火灾、控制火势蔓延。灭火器的种类很多，按其移动方式，可分为手提式和推车式灭火器；按其使用灭火剂类型，则又可分为泡沫、干粉、卤代烷、二氧化碳、清水灭火器。不同种类的灭火器适用于不同性质的火灾，其构架和使用方法也各不相同。

3. 事故应急照明灯与疏散指示标志

事故应急照明灯与疏散指示标志是火灾应急疏散重要的安全设施之一，地铁在必要位置都设置带蓄电池的应急照明灯（图 7-39）和疏散指示标志（图 7-40），如蓄光型疏散指示标志,能为发生火灾时人员的逃生提供有利的条件。但上述设备设施长期不用易损坏、失效,影响效果,因此必须做好以下几个方面的维护和保养工作:

(1) 定期巡检应急照明的控制模块及中间继电器的功能。

(2) 带蓄电池的应急灯和疏散指示标志应处于充电状态。

(3) 蓄光型疏散指示标志表面应保持清洁,定期更换。

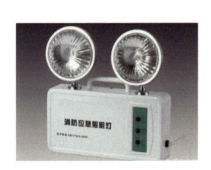

图 7-39　应急照明灯

图 7-40　疏散指示标志

此外,列车上设置的滚球显示条和液晶显示屏及地铁广播系统,在发生火灾时也可以引导乘客疏散。

(三) 轨道交通火灾应急处理原则

(1) 贯彻救人第一,救人与灭火同时进行的原则,一旦发生火灾积极施救。

(2) 把握起火初期 5 min 内的关键时间,做好两项工作:一是尽快扑救;二是及时报警。

(3) 做好个人防护。及时穿戴防烟面具、荧光服等防护用品。

(4) 火灾发生后,车站行车值班员或司机立即报行车调度员;车站、行车调度员应分别拨打"119""110"报警电话并汇报部门领导,报告语言应简明扼要。

三、火灾应急处置程序

(一) 列车火灾

1. 影响列车运行的列车火灾

(1) 信息接报,司机发现或接到乘客报警后及时报 OCC,启动应急方案。

(2) 前期处置,立即切除 ATP(门模式置于 OFF 位),打开疏散平台侧的车门,施加停放制动,降弓,播放紧急疏散广播。

（3）现场处置，带上手持台前往火灾现场，使用灭火器灭火，并报行调，做好信息的续报。

（4）应急终止，接 OCC 应急终止命令后，恢复正常驾驶。

2. 没有影响列车运行的区间列车火灾（停站列车发生火灾参考执行）

（1）信息接报，司机发现或接到乘客报警后及时报 OCC。

（2）前期处置，做好乘客安抚，引导乘客使用灭火器自救。

（3）现场处置流程：

① 区间列车维持运行到前方车站。

② 立即打开车门，降下受电弓。

③ 广播通知乘客疏散。

④ 施加停放制动，带上手持台到事发现场，使用灭火器灭火。

（4）应急终止，接 OCC 应急终止命令后，恢复正常驾驶。

（二）车站火灾

（1）信息接报，报 OCC 告知车站火灾。

（2）现场处置，根据 OCC 命令执行。

（三）注意事项

（1）在应急处置过程中，注意做好个人防护。

（2）后续列车司机在驾驶时，应加强瞭望，如发现异物侵限等影响行车安全情况时，应立即停车汇报。

（3）火灾列车需退出服务，相关人员做好准备。

（4）行车值班员应根据现场情况做好信息的续报工作。

（5）高架站区间列车发生火灾执行紧急疏散时，司机在开柜门切除 ATP 时，必须报行调（××区间××次列车，现区间紧急疏散）并立即打开车门。

四、课后思考与实践

（1）了解灭火器的功能及如何使用灭火器。

（2）了解列车发生火灾时司机的处理流程（分情况讨论）。

（3）练习使用灭火器。

实训 11　列车救援应急处理

一、实训内容

(1) 学会及时准确汇报情况、传达信息。

(2) 学会正确了解列车救援流程，最大限度地保证乘客安全。

二、知识准备

（一）基本概念

1. 定义

(1) 清客：使所有乘客离开车厢的作业过程。

(2) 疏散：将车站及区间内的人员进行分散转移的行动。

(3) 救援列车：用于抢修事故现场或用于将其他不能运行的故障列车牵引（包括推进）回车辆段或正线存车线的专用列车。

2. 清客相关知识

(1) 清客的条件。

① 列车担任救援列车时，原则上在故障点前一站组织清客，空车担任救援。

② 列车不能继续维持运营时清客，空车下线。

③ 列车因调整运行，在小交路折返时组织清客或上下客。

④ 当列车发生爆炸、火灾等危及到乘客人身安全的紧急情况时，在车站立即组织清客。

(2) 清客的要求。

① 清客或区间乘客疏散需经值班调度长批准，由行调发布调度命令。

② 原则上电客车清客在 2 min 内完成。

③ 除组织小交路运行外，不允许连续两列车在同一车站清客。

④ 列车部分驶入站台且需要清客时，车站利用站台区域滑动门或应急门对应车门进行清客，司机配合通过广播进行引导。

(3) 清客的基本程序。

① 行调向车站和司机发布清客命令。

② 车站接到清客命令后安排人员上车引导乘客下车，确认客室乘客全部下车后向司机显示"好了"信号。

③ 司机接到清客命令后，确认列车在清客站停稳后打开车门，播放清客广播，关闭常用照明，确认站台"好了"信号后关闭车门。

④ 清客完毕后，车站、司机必须及时向行调报告。

3. 救援调度命令

(1) 列车发生故障需要救援时，行调向司机及时发布救援命令。

① 行调向故障车司机发布命令。

命令：准_____次做好救援准备，来车方向为前方（或后方）。

解释：（行调已与司机确认完列车位置，并已执行呼唤应答）自发令时起，准××上（或下）行（或转换轨、折返线、存车线××道）××次做好救援准备，来车方向为前方（或后方），连挂后与救援车司机联系运行路径。

② 行调向救援车司机发布命令。

命令：准_____次担任救援列车，与故障车连挂后改开_____次，推进（或牵引）至站折返线（或存车线）道（或经回场）。

解释：（行调已与司机确认完列车位置，并已执行呼唤应答）自发令时起，准××次担任救援列车，与××故障车连挂后改开××次，凭信号推进（或牵引）运行至××站折返线（或存车线）××道（或经××回场）。

（二）电客车故障应急处理流程

1. 信息汇报内容

(1) 汇报人姓名、部门、工号。

(2) 事故发生的时间、地点（区间以百米标为准）、车号、车次。

(3) 车辆损坏情况及对运营影响程度。

(4) 人员伤亡情况。

(5) 其他必须说明的内容。

2. 电客车故障应急处理流程

应急流程如图 7-41 所示。

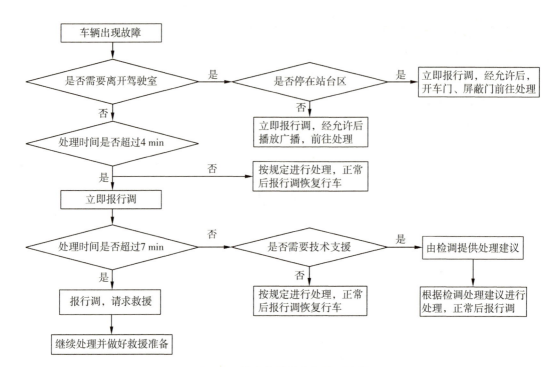

图 7-41 电客车故障应急处理流程

（三）电客车故障应急处置原则

（1）正线运营时，电客车司机应尽可能运行至前方车站。

（2）疏散时以保证乘客安全为原则。

（3）电客车司机应及时进行初期处置，避免引发次生伤害。

（4）电客车司机在初期处置过程中要保持通信畅通，及时将现场情况汇报行调；正线运营时，故障处置包括初步处理时间节点、总体处理时间节点两个基本时间节点，电客车故障初步处理时间及总体处理时间在相应线路行车组织细则中明确规定。

（5）在事故处理过程中，司机严格按照行调、场调或者现场指挥人的命令执行；非行调、场调或者现场指挥人的命令视为无效命令，可以拒绝。

三、电客车司机在救援时的处理程序

1. 故障电客车救援前的准备工作

（1）司机及时、准确地将故障报警信息及显示屏、仪表、指示灯显示情况报告行调。

（2）司机在规定的初步处理时间内按照车辆、信号故障处理指南进行故障处理。

（3）到达初步处理时间节点，司机主动报告或行调询问故障处理情况，若未处理完可申请继续处理。

（4）到达总体处理时间节点，若司机未向行调汇报处理结果时，行调询问司机故障处理情况及是否能够动车。若能动车，司机需明确告知行调能动车及后续行车限制条件；若不能动车，司机需明确告知行调不能动车。

（5）故障车在激活端司机室施加停放制动，将换向手柄置于向后、控制手柄置于制动区，切除当前端 ATPFS、DMPS，保留连挂端两个 B05，沿途切除剩余 B05，切除尾端 ATPFS、DMPS，在连挂端等候救援列车。

（6）救援车 20 m 外一度停车时将头灯置暗位，3 m 处一度停车时确认救援车车钩在对中位，用手持台指挥救援司机连挂并显示连挂手信号，连挂完毕后显示试拉手信号。

2. 列车连挂

（1）接到救援命令后，明确救援命令内容、运行目的地、故障车位置等事项，原则上救援列车空车前往救援。救援列车在车站播放清客广播两次后，关闭客室照明，确认具备动车条件。

（2）救援司机清客完毕后自行切除车载 ATP，检查连挂端 CTCB 是否处于断开位，以 NRM 模式运行至距故障车 20 m 处，限速 5 km/h 接近故障车，在 3 m 处一度停车，确认故障车车钩在对中位。

（3）联系故障车司机是否具备连挂条件，确认故障车司机的连挂指令，限速 3 km/h 连挂。得到试拉指令后试拉，试拉完毕后，通知故障车司机试拉完毕。

（4）按故障车司机要求将手持台转至救援组，与故障车司机核对救援命令内容后与驻调确认运行进路排列情况。联系故障车司机，确认故障车制动已缓解并核对进路开放情况。

3. 连挂运行

（1）推进运行时，负责前方线路瞭望，确认进路、道岔正确，信号开放。与救援车司机保持不间断联控（联控间隔不得大于 15 s），遇危及行车安全时立即通知救援车司机停车，通知不到时，应鸣示紧急停车信号。

（2）按故障车司机动车指令，以 NRM 模式动车（均不载客时，列车限速 35 km/h；任意一辆载客时，列车限速 30 km/h）。途中加强联系，收到停车指令、发现异常、联控中断时，立即停车。

4. 解钩操作

（1）故障列车在规定位置停稳后，恢复就近两个 B05，确认切除标示消失，施加停放制动。

（2）解钩并继续汇报行调。

四、课后思考与实践

（1）以小组为单位分角色对列车救援进行模拟演练。

（2）对模拟演练中出现的问题加以总结，并提出自己的看法。

实训 12　区间乘客疏散应急处理

一、实训内容

（1）学会及时、准确地汇报、传达信息。
（2）学会安全、及时地疏散乘客。

二、知识准备

（一）乘客疏散相关知识

1. 紧急疏散通道

当列车发生紧急情况在区间停车时，乘客可以通过疏散平台进行有序疏散或逃生。

有的地铁在区间设置了安全疏散平台，疏散平台安装在隧道壁或高架线路旁，当列车发生紧急情况在区间停车时，乘客可以通过解锁紧急疏散平台侧的车门，手动打开车门，通过疏散平台进行疏散（图7-42）。

图7-42　疏散平台

2. 疏散广播

当列车发生故障迫停在区间需要紧急疏散时，要求司机按规定播放广播，引导乘客疏散；当自动广播发生故障时，司机须进行人工广播。疏散广播要求有：

（1）以安全引导乘客疏散为原则。
（2）播放内容必须根据实际需要，在适当的时机进行。
（3）人工广播时，应严格按照标准用语录播，须使用普通话，语调平稳圆润，音量适中，读音准确，声音清亮，进行广播时严禁突然中断。

(二) 区间疏散应急处理时电客车司机的职责及汇报内容

1. 职责

司机担任先期现场处置负责人,负责安抚列车上的乘客,做好信息上报工作,协助值班站长进行现场处置。

2. 汇报内容

(1) 车次、车号、地点(车站)、时间等情况。

(2) 现场情况、设备损坏情况、人员伤亡情况等。

3. 汇报对象

OCC 行车调度员。

三、应急处置方案

1. 区间紧急疏散

(1) 立即切除 ATP(门模式置于 OFF 位),打开疏散平台侧车门。

(2) 播放紧急疏散广播,降弓,施加停放制动,与乘客一同疏散。

(3) 接 OCC 应急终止命令,按 OCC 命令执行。

2. 区间非紧急疏散

(1) 接受 OCC 区间疏散命令(含疏散方向)。

(2) 施加停放制动,做好乘客安抚,等待车站人员到达。

(3) 待车站人员到达现场后,做好乘客广播,降下受电弓,听从值班站长安排;手动打开疏散平台侧的一扇车门,广播引导乘客从 OCC 指定方向疏散,疏散完毕后确认车厢内无遗留乘客。

(4) 接 OCC 应急终止命令,按 OCC 命令执行。

四、课后思考与实践

非紧急情况下和紧急情况下的区间疏散现场应急处置方案有何不同?

实训 13 列车挤岔、脱轨、冲突、倾覆应急处理

一、实训内容

(1) 学会及时、准确地汇报、传达信息。

(2) 学会正确处理挤岔事故,最大限度地保证乘客安全。

二、知识准备

(一) 基本概念

(1) 列车挤岔:列车直向通过道岔时,由于道岔位置不正确,尖轨未能与基本轨密贴,车轮碾压时,将尖轨与基本轨挤开的过程。

(2) 列车脱轨:指列车在运行途中由于钢轨上有异物、钢轨断轨、挤岔等因素造成列车轮对掉落钢轨。

(3) 列车冲突:指列车在运行途中由于某种因素造成列车与其他列车发生相撞。

(4) 列车倾覆:指列车在运行途中由于钢轨上有异物、钢轨断轨、冲突、挤岔等因素造成列车倾翻。

(二) 事态特征分析

列车挤岔导致道岔损坏,根据损坏程度不同,产生的影响不同,视情况组织中断抢修或降级运行。列车挤岔可能导致车辆损坏、其他重要行车设备损坏、中断行车等重大影响,并可能伴随列车脱轨等情形。

列车、机车、车辆发生倾覆会导致列车、客车车组、机车、车辆等破损。根据破损程度不同,产生的影响不同,视情况组织中断运营抢修或降级运行。列车倾覆可能导致其他重要行车设备损坏、人员伤亡、中断行车等重大影响,并伴随列车脱轨情形,且可能伴随列车挤岔、弓网故障等情况。

(三) 列车挤岔、脱轨、冲突、倾覆处理工作原则与事故报告

1. 工作原则

(1) 牢固树立"安全第一"的思想,贯彻"高度集中、统一指挥、逐级负责"的原则,保证抢险救援工作安全有序,减少事故影响,尽快恢复运营生产。

(2) 各级员工应迅速、准确地报告事故情况,确保信息渠道畅通,尽快恢复正常运营;同时,积极合理地调动人力、物力投入抢险,采取有效措施控制事态,减少损失,防止次生灾害的发生。

2. 事故报告

(1) 遵循迅速、准确、客观、逐级上报的原则。

(2) 现场情况一时无法判明时,应将所了解的情况先进行报告,详细了解后再续报。

(3) 故意隐瞒、谎报、延误报告应急信息的行为,将按相关规定进行处理。

三、发生列车挤岔、脱轨、冲突、倾覆应急处理

1. 正线应急处理

(1) 发生挤岔/脱轨/冲突/倾覆事件，立即报场调。

(2) 做好乘客安抚、信息续报工作，保护现场，等待救援人员到达。

(3) 配合站务做好乘客疏散。

(4) 按 OCC 或现场总指挥命令降弓，配合做好现场救援。

(5) 如由工程车救援，司机应配合做好车辆连挂。

(6) 接场调应急终止命令，恢复正常运行。

2. 车辆段应急处理

(1) 发生挤岔/脱轨/冲突/倾覆事件，立即报信调。

(2) 立即停车，降弓待令，保护现场，做好信息续报，派班室安排备用司机替换当事司机。

(3) 接信调应急终止命令，恢复正常运行。

(4) 如由工程车救援，司机应配合做好车辆连挂。

(5) 配合做好现场救援。

(6) 等待救援人员到达。

3. 注意事项

(1) 全线各站严格按照 OCC 命令，做好行车和客运组织工作。

(2) 对于昏迷或伤势较重的乘客，车站做好现场急救，立即报 120，并安排专人至指定出入口迎接。

(3) 行车值班员应根据现场情况做好信息的续报工作。

(4) 值班站长负责现场的前期处置，待抢险负责人到场后，移交现场处置权并报 OCC。

(5) 应急终止后，车站加强巡视，发现异常情况立即汇报。

四、课后思考和实践

(1) 什么是挤岔？

(2) 处理正线和车辆段挤岔有什么不同？

(3) 做一次挤岔演练。

实训 14　人车冲突应急处理

一、实训内容

(1) 学习车站发生人车冲突时的处理方法。
(2) 学习人车冲突发生在站内与区间的不同处理方法。

二、知识准备

(1) 人车冲突：指列车在公司所管辖的运营线路运行过程中，发生撞、轧人而导致人员伤亡的事故。
(2) 事件特征分析：对人车冲突导致人员伤亡、列车延误及部分线路中断运营的情况进行分析。

三、人车冲突应急处置流程

（一）人车冲突发生在车站

1. 信息续报与前期处置

(1) 电客车司机：司机发现后应立即停车，报 OCC，严禁动车，并做好乘客安抚。
(2) 行车调度员：立即按信息报告流程进行报告，根据实际情况扣停相关列车（如侧式站台车站发生人车冲突，OCC 应将另一侧列车扣停在站外），做好列车运营调整准备并将该站台行车指挥权交给现场负责人。
(3) 行车值班员：拨打 120，安排专人提前清出紧急通道，在指定出入口迎接 120，做好车站应急广播。
(4) 值班站长：组织车站员工准备相关应急备品（如急救箱、担架等），做好应急救援准备，并通知驻站民警。

2. 电客车司机现场处置

(1) 停车报告：立即停车，汇报 OCC，内容为事件发生地点（车站、上下行线、里程标等）、列车车次、车号、人员伤亡情况（伤亡人数、性别、大概年龄、伤势情况、伤亡者具体位置）、现场情况。
(2) 乘客安抚：做好乘客安抚，稳定乘客情绪，现场广播，广播词内容：乘客们，现在是临时停车，目前正在积极处理，请乘客们耐心等候。

(3) 现场配合：OCC发布区段封锁命令后，司机听从现场指挥人（值班站长）指令配合事故处理，包括清客和因抢救需要的临时动车、对标（仅限在封锁区间内）等，司机在动车前须确认动车指挥人工号，并在司机报单、日志上注明。

(4) 恢复动车：司机收到OCC恢复运行的指令后，按OCC指令动车。

(5) 进站清客：司机对标停车后，听从OCC指令清客。

（二）人车冲突发生在区间

1. 信息续报与前期处置

(1) 电客车司机：司机发现后应立即停车，报OCC，根据OCC命令至现场了解情况并及时汇报，做好乘客安抚，严禁动车。

(2) 行车调度员：立即按信息报告流程进行报告，根据实际情况扣停相关列车（如侧式站台车站发生人车冲突，OCC应将另一侧列车扣停在站外），做好列车运营调整准备并将该区间行车指挥权交给现场负责人。

(3) 行车值班员：拨打120，安排专人提前清出紧急通道，在指定出入口迎接120，做好车站应急广播。

(4) 值班站长：组织车站员工准备相关应急备品（如急救箱、担架等），做好应急救援准备，并通知驻站民警。

2. 电客车司机现场处置

待OCC完成区段封锁后，司机等待车站救援人员到达，并配合事故处理（其他参照在车站的处理方式）。

四、课后思考及实践

(1) 应急处理后，司机动车时应确认什么？注意什么？

(2) 利用模拟驾驶器进行人车冲突的实际操作。

实训15　异物侵限应急处理

一、实训内容

(1) 学会地下站车站区域接触网异物应急处置。

(2) 学会地下站区间接触网异物应急处置。

(3) 学会高架站车站区域及区间接触网异物应急处置。

（4）学会非接触网异物应急处置。

二、知识准备

1. 术语和定义

异物侵限：轨道交通范围内及外单位所有的设施设备，由于各种原因产生位移而侵入设备限界或车辆设备及其装载物超出车辆限界，影响电客车在本区段线路安全运行，需要专业抢修或救援的情况。外界设施包括移动设施、固定设施及异物。

2. 事件特征分析

外界设施侵限将对受影响区域的行车造成不同程度的影响，并可能导致轨道正线、辅助线和车场线、接触网、信号、车辆、机电、客运服务等重要行车设施设备发生故障或损坏，需要专业抢修和救援方可恢复行车。

三、异物侵限应急处置流程

（一）地下站车站区域接触网异物应急处置

1. 信息续报与前期处置

（1）电客车司机：发现前方进路上接触网有异物时，司机马上采取紧急措施停车。

① 若列车停在异物前，报告行调，听从行调指挥，待现场负责人到达现场后，听从现场负责人的指挥。

② 若列车部分越过异物（判断前端受电弓已越过异物），且网压显示正常的，停车后听从行调指挥，待现场负责人到达现场后，听从现场负责人的指挥。

③ 若列车已越过异物，网压显示不正常的或有其他异常情况的，停车后听从行调指挥，待现场负责人到达现场后，听从现场负责人的指挥。

（2）行车调度员：行调接到接触网附近有异物的报告后，马上扣停后续列车，通知车站值班站长担任现场负责人赶赴现场。如果进站列车司机发现接触网异物并已经停车，行调接报后将该车的指挥权交给现场负责人。

（3）行车值班员：车站发现接触网附近有异物，行车值班员立即将异物的准确位置报告值班站长。

（4）值班站长：马上至现场担任现场负责人，组织处理。

① 若列车在站台停车，且异物不影响列车运行的，待本列车出清站台后再处理。

② 若列车在站台停车，且异物影响列车运行的（在前方进路上或列车顶上等），按紧急停车按钮，通知行调。若在列车顶上无法处理的，待供电专业人员到达现场后进行处理。

2. 电客车司机现场处置

(1) 停车确认：立即停车，听从 OCC 指挥。

(2) 乘客安抚：进行应急广播，安抚乘客。

(3) 配合抢修：按 OCC 要求，配合抢修人员做好抢修。

(4) 应急终止：接 OCC 应急终止命令，恢复正常运行。

(二) 地下站区间接触网异物应急处置

1. 信息续报与前期处置

(1) 电客车司机：发现区间接触网附近有异物，应立即采取措施停车。

① 若列车停在异物前，司机确认异物的状况（位置、初步影响等），并报告行调。如果悬挂异物为非金属，不侵入车辆限界，列车限速 25 km/h 通过。

② 若列车部分越过异物（判断前端受电弓已越过异物），且网压显示正常的，停车后听从行调指挥，待现场负责人到达现场后，听从现场负责人的指挥。

③ 若列车已越过异物，网压显示不正常的或有其他异常情况的，立即停车，并听从行调的指挥，待现场负责人到达现场后，听从现场负责人的指挥。

(2) 行车调度员：行调接到区间接触网附近有异物的报告后，马上扣停后续列车。

(3) 行车值班员：车站接到行调的通知后，在落实防护措施（穿荧光衣等）后，迅速组织站务人员携带防护用品、绝缘工具赶往事发现场。

(4) 值班站长：马上赶赴现场担任现场负责人，如果供电专业人员到达车站，会同供电专业人员在现场处理。

2. 电客车司机现场处置

(1) 停车确认：立即停车，确认异物类型、位置并报 OCC。

(2) 乘客安抚：进行应急广播，安抚乘客。

(3) 限速或待令：听从 OCC 指挥，限速通过或停车待令。

(4) 配合抢修：按 OCC 要求，配合抢修人员做好抢修。

(5) 应急终止：接 OCC 应急终止命令，恢复正常运行。

(三) 高架站车站区域及区间接触网异物应急处置

1. 信息续报与前期处置

(1) 电客车司机：发现区间接触网附近有异物，应立即采取措施停车，并报告行调。

① 若列车停在异物前，司机确认异物的状况（位置、初步影响等），并报告行调。如果悬挂异物为非金属，不侵入车辆限界，列车限速 25 km/h 通过。如果司机判断异物状况满足单弓通过条件时，及时向行调申请采用单弓通过异物的方式。

② 若列车部分越过异物（判断前端受电弓已越过异物），且网压显示正常，异物状

况满足单弓通过条件，司机汇报行调并经行调同意后，降下后端的受电弓，采用单弓方式限速 5 km/h 通过，并密切监控列车状态（尤其网压变化情况）。

（2）行车调度员：行调接到区间接触网附近有异物的报告后，马上扣停后续列车。

（3）行车值班员：车站接到行调的通知后，在落实防护措施（穿荧光衣等）后，迅速组织站务人员携带防护用品、绝缘工具赶往事发现场。

（4）值班站长：马上赶赴现场担任现场负责人，如果供电专业人员到达车站，会同供电专业人员到现场处理，现场负责人到达现场后，按照接触网异物处理流程进行处理。

2. 电客车司机现场处置

（1）停车确认：立即停车，确认异物类型、位置并报 OCC。

（2）乘客安抚：进行应急广播，安抚乘客。

（3）确认条件满足单弓通过：如判断异物不侵入车辆限界，根据行调指令限速通过；如判断满足单弓过异物，向行调申请并按行调指令执行。若出现异常情况，立即停车并报 OCC，根据 OCC 指令，待救援人员至现场处理。

（4）配合抢修：按 OCC 要求，配合抢修人员做好抢修救援。

（5）应急终止：接 OCC 应急终止命令，恢复正常运行。

3. 注意事项

（1）如发现侵限的异物能自行处理的，按 OCC 命令执行。

（2）如需下线路检查时，必须做好列车防溜并得到行调同意。

（四）非接触网异物应急处置

1. 信息续报与前期处置

（1）电客车司机：司机发现外界设施侵限后，应立即采取制动措施停车；尽力了解现场情况，及时向行调报告；利用广播系统安抚乘客（车场报场调）。

（2）行车调度员：应准确了解现场情况并及时报告值班调度长，行调及时通知相关司机严禁动车或扣停后续列车。

（3）行车值班员：车站发现外界设施侵限时，立即采取紧急停车措施，如果电客车正在进站应及时通知司机；车站接报外界设施侵限时，应在车站范围内立即组织人员到现场进行确认，并做好紧急停车措施及相关安全防护措施；及时将外界设施侵限事件的信息报告行调，并报告站长。

（4）值班站长：做好应急处置准备工作，带好防护用品及工具，视侵限设施或异物情况进行前期处置，遵循"先通后复"的原则，处理到具备通车条件为止；向 OCC 续报现场情况，在现场抢修人员到现场后，进行抢修指挥权的交接，协助抢修人员按规定进行抢修作业；做好相关客运组织工作，必要时请求支援。

2. 电客车司机现场处置

(1) 异物在正线区间（车场报场调）。

① 判断并汇报：立即停车，判断异物是否影响行车，并将异物相关信息报 OCC，做好应急广播。

② 处理：根据 OCC 指令处理异物，在未接到 OCC 动车指令前，严禁擅自动车。

③ 指令：异物处理完毕后，根据 OCC 指令动车。

④ 恢复：接 OCC 应急终止命令，恢复正常运行。

(2) 异物在车站区域。

① 判断并汇报：若判断异物影响行车，立即停车，并将异物相关信息报 OCC，做好应急广播；若不影响行车，列车通过后及时将异物相关情况报 OCC。

② 指令：在未接到 OCC 动车指令前，严禁擅自动车。

③ 动车：根据 OCC 指令动车。

④ 恢复：接 OCC 应急终止命令，恢复正常运行。

四、课后思考及实践

(1) 思考如何单弓过异物。
(2) 了解单弓过异物的条件。
(3) 利用模拟驾驶器进行异物侵限的实际操作。
(4) 进行异物侵限的实战演练。

实训 16　通信中断应急处理

一、实训内容

(1) 了解通信传输系统、导致通信中断的原因及其影响。
(2) 认识并操作本岗位相关通信设备。
(3) 掌握通信中断应急处理原则。

二、知识准备

(一) 通信传输系统定义、通信中断的原因及其影响

1. 定义

通信传输系统的定义：为专用无线系统、公务电话、专用电话、广播、UPS 网管、

时钟及网络同步信号系统、车辆段 ATS 系统、AFC 系统、ISCS 系统、FAS 系统等提供信息传输服务的骨干网络系统。

2. 原因

通信中断的原因：通信传输系统由于设备失效或光缆中断出现局部或全部系统瘫痪，导致其服务的各相关系统出现通信中断。

3. 影响

通信中断的影响有以下几项：

（1）传输系统瘫痪，导致与专用传输系统有接口关系的通信子系统、信号系统、AFC 系统、ISCS 系统、FAS 系统等发生信息传送的故障（其中，通信系统包含专用无线、公务电话、专用电话、广播、时钟等系统，信号系统包含车辆段 ATS 系统信息和电源监控信息，ISCS 系统包含 SCADA 及 BAS 系统），所有车站、司机均无法与 OCC 联系，各站在本站范围可以通过无线固定台与司机联系。

（2）部分车站、故障区段内与专用传输系统有接口关系的通信子系统、信号系统、AFC 系统、ISCS 系统、FAS 系统等发生信息传送的故障，故障区段内司机无法与 OCC 联系，该部分车站在本站范围可以通过无线固定台与司机联系。

（3）无线系统故障导致司机与车站、OCC 不能相互联系。

（二）通信设备

1. 设备认知

电客车司机常用的通信设备有车载台、手持台、400 M、站台电话，分别如图 7-43 至图 7-46 所示。

图 7-43　车载台　　　图 7-44　手持台　　　图 7-45　400 M　　　图 7-46　站台电话

2. 车载台与手持台紧急呼叫启动与取消

（1）车载台。

启动：车载台"紧急"按钮长按 2 s，启动紧急呼叫。

取消：车载台"取消"按钮长按 2 s，结束紧急呼叫。

(2) 手持台。

启动：按住手持台顶部紧急键，启动紧急呼叫。

取消：第一次按手持台右软键 3 s，屏幕显示"紧急麦克结束"，此时还没退出紧急呼叫，但屏幕右下方会出现退出选项；接着第二次按手持台右软键 3 s，紧急呼叫退出，总共需要 6 s。

三、通信中断现场处置方案

(1) 中断：司机发现通信中断或接行调通信中断命令后，立即打开手机。

(2) 发生在车站：司机按照车载台、手持台、400 M、站台电话、手机的优先级顺序联系车控室，若以上方式均无法联系，立即与站台岗联系。

(3) 发生在区间（不影响行车时）：司机运行到车站，再按本方案第 2 条执行。

(4) 发生在区间（影响行车安全时）：司机使用手机直接联系行调，无法联系时使用车载台、区间电话通过车站中转联系行调。

(5) 信息传递：司机按照车控室中转命令或行调手机命令执行，并做好记录。

(6) 恢复：接 OCC 通信恢复正常，应急终止。

(7) 注意事项：

① 发生影响安全的行车事故事件时，司机必须得到行调命令后方可动车。

② 在车场发生通信中断时，司机使用手机联系场调，如无法联系，则由派班员负责信息中转；在转换轨发生通信中断时，司机直接使用手机联系行调，并按照行调命令执行。

③ 司机与行值、派班员、行调进行信息沟通时，必须将工号做好记录。

四、课后思考与实践

(1) 通信中断时的处置流程有哪些（分情况讨论）？作业关键点是哪些？

(2) 通信中断对正常运营会造成哪些影响？

(3) 练习车载台与手持台如何使用紧急呼叫。

实训 17　接触网大面积停电应急处理

一、实训内容

(1) 掌握接触网大面积停电的术语定义及事件特征。

(2)学习信息报告内容及流程规定。

(3)掌握接触网的相关知识。

(4)掌握应急处置程序。

二、知识准备

(一)接触网大面积停电术语及事件特征

1. 定义

接触网大面积停电包括两层意思：正线接触网断线、永久短路等故障或全线所有主变电站故障退出，导致的一个及以上供电分区的接触网停电；车辆段牵混所退出运行且联络开关不能合闸，导致的车场接触网停电。

2. 特征

由于轨道交通外部供电系统影响或设备故障等引起的接触网大面积停电，故障可能导致轨道交通正线、车辆段（停车场）线路、接触网、客运服务等重要行车设施设备故障，造成列车救援、中断行车等重大影响，需要专业抢修和救援方可恢复行车。

(二)信息报告内容及流程

1. 现场人员向场调/OCC行调报告内容

(1)时间、地点、报告人岗位、故障基本现象。

(2)迫停停电区间的列车车次、车号、上下行线、里程标等。

(3)现场情况及影响程度。

2. 信息报告流程

(1)按照相关应急预案信息报告流程进行报告。

(2)现场人员及时将现场情况及影响程度向场调/OCC行调报告，场调接报后及时报OCC行调。

(3)场调/OCC行调接报后，值班调度长负责按照应急信息通报有关规定和流程向分公司领导及有关部门（中心）通报，根据现场处置情况及时做好信息续报工作。

(4)OCC根据应急指挥部指令组织相关恢复工作，并向相关车站及车场发布恢复信息。

(三)接触网基本介绍

苏州轨道交通接触网主要有刚性和柔性两类，刚性接触网位于地下区段，主要由汇流排、接触线和架空地线组成（图7-47）；柔性接触网主要由承力索、接触线、架空地线等组成（图 7-48、图 7-49）。

苏州轨道交通接触网网压波动范围：DC 1 000 V~DC 1 800 V。

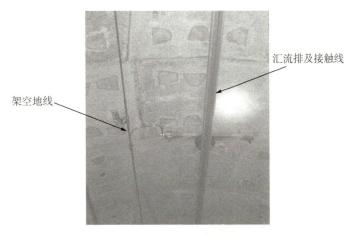

图 7-47　刚性接触网的汇流排、接触线和架空地线

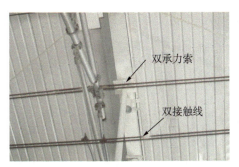

图 7-48　柔性接触网的承力索和接触线

图 7-49　柔性接触网的腕臂和定位器

（四）接触网断电时的现象及司机判断

1. 司机室的现象

(1) 列车失去牵引力。

(2) VVVF 不工作。

(3) 列车网压为"0"。

2. 司机判断

列车失去牵引力且网压为 0，且列车未产生紧制。

（五）司机注意事项

(1) 发现情况时及时做好乘客服务。

(2) 维持列车继续运行。

(3) 降弓、升弓时先断开高断。

(4) 列车停车时持续观察蓄电池电压，并及时将现场情况汇报行调。

三、接触网大面积停电应急处置程序

接触网大面积停电分为以下两种情况。

（一）发生在正线

(1) 信息接报：司机立即报 OCC，并做好信息续报。

(2) 乘客安抚：做好乘客安抚工作，并注意蓄电池电压。

(3) 发生在车站：听从行调命令，配合车站清客，降弓待令；若列车刚出站，则立即拉停列车，汇报行调并按其指令执行。

(4) 发生在区间：尽量维持列车进站，列车迫停时应关注蓄电池电压状况，列车休眠前做好乘客安抚。如需进行区间乘客疏散，等待站务人员到场后配合疏散。

(5) 配合抢修：根据 OCC 命令，配合现场抢修人员做好故障修复。

(6) 工程车救援：如有工程车配合救援，根据 OCC 命令执行。

(7) 应急终止：接 OCC 应急终止命令，按行调命令升弓，恢复正常运行。

（二）发生在车场

(1) 信息接报：司机立即报场调，并做好信息续报；听从场调指令，立即降弓待令。

(2) 配合抢修：根据场调命令，配合现场抢修人员做好故障修复。

(3) 工程车救援：如有工程车配合救援，根据场调命令执行。

(4) 应急终止：接场调应急终止命令，按场调命令升弓，恢复正常运行。

注意：列车降弓休眠后需再次唤醒时，必须得到行调同意。

四、课后思考与实践

(1) 接触网大面积停电时，司机应该注意哪些情况？

(2) 接触网大面积停电时，司机应详细汇报什么内容？

(3) 简述接触网大面积停电时的应急处置程序。

实训 18　车门、站台门夹人（夹物）应急处理

一、实训内容

（1）学会及时、准确地汇报、传达信息。

（2）学会配合车站进行现场处置。

二、知识准备

（一）车门、站台门夹人（夹物）相关知识

1. 客运列车夹人开车

客运列车夹人开车，是指夹住人体任何部位或随身衣物启动列车。

2. 将人关在车门与站台门之间开车

将人关在车门与站台门之间开车，是指有人进入了车门与站台门之间的间隙启动列车。

3. 站台门故障检测

站台门具有障碍物检测及处理功能，并有障碍物故障报警功能。

（二）车门、站台门夹人（夹物）应急处理时电客车司机的职责及汇报内容

1. 职责

司机担任先期现场处置负责人，负责安抚列车上的乘客，做好信息上报，协助值班站长进行现场处置。

2. 汇报内容

（1）事件发生地点（车站、车门位置）、车次等情况。

（2）列车状态。

（3）现场先期处置情况。

三、车门、站台门夹人（夹物）应急处置方案

1. 车门、站台门夹人夹物后常开

（1）发现车门、站台门夹人夹物后常开。

（2）做好广播，请乘客勿倚靠车门；重新开关门一次，并通知车站协助处理。

（3）确认车门、站台门关闭，车门与站台门之间无异物。

（4）正常驾驶列车离站。

2. 车门、站台门夹人（夹物）后关闭（未动车）

（1）接车站 OCC 通知，车门、站台门发生夹人（夹物），或发现车门、站台门发生夹人（夹物）。

（2）立即重新打开车门、站台门。

（3）关闭车门、站台门后，确认车门与站台门之间无人、无异物。

（4）根据 OCC 命令动车。

四、课后思考与实践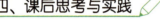

（1）司机应该如何避免夹人夹物事件的发生？

（2）发现夹人夹物后应该如何处置？

（3）利用模拟驾驶器进行车门、站台门防夹处置的练习。

项目训练

一、填空题

1. 乘务应急处理信息汇报形式有电话、_____、邮件。
2. 当发生突发事件时,相关人员必须在事件发生_____内按信息汇报流程报出。
3. 列车在车站内运行的径路叫作进路,进路是由_____位置决定的。

二、选择题

1. 列车预计晚点（　　）以上为一级突发事件。

　　A. 2 min　　　B. 3 min　　　C. 5 min　　　D. 8 min

2. 道岔发生挤岔故障时,在信号设备显示（　　）。

　　A. 道岔短闪　　　　　　　B. 道岔长闪

　　C. 道岔灰显　　　　　　　D. 道岔区段红光带

3. 当风力达（　　）及以上时,停止地面、高架区段的所有行车及接触网供电,关闭受影响的相关车站。

　　A. 7 级　　　B. 8 级　　　C. 9 级　　　D. 10 级

三、判断题

1. 突发事件书面分析材料在事件发生后 24 h 内报至相应的报送对象（专业工程师）,由专业工程师复核后,报相应领导审阅后上报。（　　）
2. 当风力达 8 级时,通知地面、高架区段的电客车司机采用人工驾驶模式,限速 60 km/h 运行。（　　）
3. 大雾天气能见度小于 30 m 时,电客车限速 5 km/h。（　　）

四、简答题

1. 简述应急预案的含义。
2. 简述 NRN 模式下,站台作业注意事项。

项目八 特殊情况下作业标准

学习目标

(1) 掌握列车反方向运行时的注意事项；
(2) 掌握列车推进运行的规定；
(3) 掌握列车冲标后的处理流程；
(4) 掌握列车有计划通过车站的作业流程。

技能目标

(1) 能根据行车调度员的要求驾驶列车；
(2) 能在非正常运行时正确辨认信号并按规定驾驶列车；
(3) 能遵守列车在非正常运行时的限速要求；
(4) 能根据列车运行情况转换驾驶模式。

知识学习

一、相关定义

（一）列车冲标

列车冲标指停站列车越过停车标，导致列车无法输出开门"门使能"信号，司机无法开门的情况，也可称之为未对标停稳。

（二）跳停

列车不停车经过车站的过程称为跳停。

（三）排空

排空专指列车不载客。默认情况下排空列车沿途跳停，若要停站须按行调命令执行。

（四）反方向

列车运行分为上、下行方向运行，当违反常规方向运行时，称为反方向运行。

（五）区间迫停

区间迫停是指由于列车故障或行车条件不满足，导致列车在区间被迫停车，且不能驶向前方车站或退回发车站的情况。

（六）退行

在特殊情况下，列车进入区间后退回后方最近车站的情况叫作退行。退行时列车可以推进或牵引运行；若列车完全进入区间，退行时车站须引导接车。

（七）推进

在尾端驾驶室操纵电客车运行、机车或电客车在尾部推动其他车组运行的情况，称为推进。

（八）小交路

小交路分为完全小交路折返、间隔小交路折返两种。当线路中断运行时，允许列车在小交路折返站连续清客进行完全小交路折返，否则采用列车间隔小交路折返。

（九）越红/越引导

越红/越引导是指遇前方进路防护信号机临时关闭或不能开放时，司机立即停车并与行调联系；按行调的命令执行，组织列车凭引导信号或越红灯信号机运行。

二、特殊情况下作业相关规定

（一）反方向运行规定

（1）在电客车无车载 ATP 保护情况下，除开行救援列车外，载客电客车不允许反方向运行。

（2）在电客车车载 ATP 正常且须反向运行时，须通过信号系统排列进路，列车根据车载 ATP 允许速度，以 ATP 监督下人工驾驶模式运行。行调应在确认线路空闲且进路准备妥当后，方可发布反方向运行命令，并做好运行列车与对向列车的间隔控制。车站行车人员应依令做好接发列车和乘客乘降的组织工作。

（3）工程车在明确行车计划和进路排列好的情况下方可反方向运行。

（4）反方向运行区域轨旁 ATP 故障且必须反方向运行时，司机按照安全级别由高到低的顺序选择驾驶模式。

（二）列车在区间退行规定

（1）列车因故在区间停车需要退行时，司机必须及时报告行调，在得到行调的命令后方可退行，行调应及时通知有关车站。

（2）列车退行进入车站时，司机须换端驾驶，车站接车人员应于进站站台端处显示引导信号，列车在进站站台端外必须一度停车，确认引导信号正确方可进站。

（3）退行列车到达车站后，司机应及时向行调报告，同时根据行调的命令处理。

（三）列车推进运行规定

（1）列车推进运行，必须得到行调的调度命令，应有引导员在列车头部引导。

（2）因天气影响，难以辨认信号时，禁止列车推进运行。

（3）在 25‰ 及以上的下坡道推进运行时，禁止在该坡道上停车作业，并注意列车的运行安全。

（四）小交路折返运行规定

（1）行调发令：小交路折返方案确定后，行调向司机、车站发布小交路折返运行调度命令［应包括折返站、折返站台（股道）、辅助线等］。

（2）进路排列：优先通过行调排列进路。

（3）列车驾驶：司机凭信号显示驾驶列车运行，列车车次及动车时间按照行调命令执行；若行调未分配车次，则默认当前车次的旅程号加 1，未明确动车时间则开关门作业完毕后确认信号正常即可动车。

（3）客运组织：站前折返时，司机、折返站负责引导乘客乘降；站后折返时，折返站负责清客，司机确认车站人员"好了"信号后关门，并确认车厢内无滞留乘客。

（五）列车未到停车标或冲标的处理规定

（1）列车进站停车，当未到停车标停车时，司机确认运行无异常后，根据具体情况选择驾驶模式动车对位。

（2）列车冲标 3 个车门以下时，司机汇报行调后根据冲标距离自行选择驾驶模式后退对标，并及时对车厢广播以安抚乘客。如须降级或切除车载 ATP 后退时，须得到行调同意，行调同意列车切除车载 ATP 后退前，应对后车采取安全防范措施。推进退行速度不应超过 5 km/h。

（3）当越过停车标 3 个车门及以上时，司机报行调，按行调指示执行。如需退行，推进退行速度不应超过 10 km/h，牵引退行速度不应超过 35 km/h。如列车不开门继续运行至前方站时，行调应通知前方站做好乘客服务、维持好站台秩序。同时，司机应及时对车厢广播以安抚乘客。

（六）有下列情况之一的，属于冒进信号

（1）非 CTC 列车、车组前端任何一部分越过固定信号显示的停车信号或规定的手信号显示地点。

（2）应停车列车、车组越过信号机或警冲标。

（3）不含因紧急情况扣车、信号突变等，致使列车、车组采取紧急制动后越出信号机的。

（4）由于信号联锁条件错误或人员违章操作，造成信号机设备发生应停信号显示为开放信号（信号升级显示），列车已按此信号显示运行的，虽未造成后果，按冒进信号论。

三、手信号显示

特殊情况下，列车运行时有关人员应遵守下列手信号的显示。手信号显示方式如表 8-1 所示。

表 8-1 手信号显示方式

序号	手信号类别	显示方式	
		昼间	夜间
1	停车信号：要求列车停车	展开红色信号旗；无红色信号旗时，两臂高举头上，向两侧急剧摇动	红色灯光；无红色灯光时，用白色灯光上下急剧摇动
2	紧急停车信号：要求司机紧急停车	展开红色信号旗下压数次；无红色信号旗时，两臂高举头上，向两侧急剧摇动	红色灯光下压数次；无红色灯光时，用白色灯光上下急剧摇动
3	减速信号：要求列车降低速度运行	展开黄色信号旗；无黄色信号旗时，用绿色信号旗下压数次	黄色信号灯光；无黄色灯光时，用白色或绿色灯光下压数次

续表

序号	手信号 类别	显示方式	
		昼间	夜间
4	发车信号：要求司机发车	用展开的绿色信号旗上弧线向列车方面作圆形转动	绿色灯光上弧线向列车方面作圆形转动
5	通过手信号：准许列车由车站通过	展开绿色信号旗	绿色灯光
6	引导信号：准许列车进入车站或车场	展开黄色信号旗高举头上左右摇动	黄色灯光高举头上左右摇动；无黄色灯光时，使用白色灯光
7	好了信号：某项作业完成	用拢起的信号旗作圆形转动	白色灯光作圆形转动

◆ 技能实训

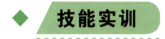

实训 1　列车越红越引导

一、实训内容

（1）列车越红越引导的规定。
（2）列车越红越引导的作业流程。

二、实训要求

（一）列车越红越引导的规定

（1）任何情况下，列车凭引导信号或越红灯信号机运行必须由行调明确授权，行调应确认该信号机后方线路空闲、道岔位置正确且锁闭后，方可发布越过红灯信号的命令，首列车运行速度不应高于 25 km/h，否则必须在红灯信号机前停车。
（2）信号机具备开放引导信号条件时，行调提前向相关列车司机发布凭引导信号运行的调度命令，并通知车站开放信号机引导信号，车站负责监视列车接近并及时开放引导信号。
（3）行调授权列车越红灯信号机的命令，必须在确认进路安全后逐一向列车司机发布，且不允许一个指令授权列车越过多个信号机红灯。
（4）授权列车越红灯信号机时必须确保进路内无列车占用。
（5）除行调特殊要求外，列车越过信号机后应及时升级到尽可能高的运行控制级别。

（二）列车越红越引导的作业流程

1. 条件确认

（1）司机。

当司机发现紧制速度、推荐速度不正常或为零时，或前方信号机红灯未得到授权时，停车报行调。

(2) 行调。

① 判断信号不能正常开放的原因，发生在引导层及以上层级时，通知车站开放引导信号。

② 非监控层时，通过信号屏和车站确认，判断信号机红灯的原因。

(3) 行值。

① 根据行调命令做好开放引导信号的准备，获取 LOW 机控制权。

② 非监控层时，确认本条进路上所有道岔锁闭或单独锁定在正确位置（必要时加好钩锁器），报行调。

(4) 标准用语。

行调与行值：接收控制权，对＿＿＿＿次开放＿＿＿＿信号机引导信号。

2. 列车越红越引导执行

(1) 行调。

① 行调向司机发布越信号机红灯/灭灯/引导信号的命令，利用信号屏监控列车是否成功越过信号机。

② 确认列车已升级成功。

(2) 司机。

司机确认收到行调明确的授权命令后，降级 RM（NRM），确认安全后越红灯/灭灯/引导信号，指定地点升级。

(3) 行值。

列车到达接近区段后，执行"开放引导"命令并加强监控。车站执行"开放引导"命令 60 s 后列车未通过，再次执行"开放引导"命令并加强监控。

(4) 其他岗位。

需要钩锁道岔时，值站根据行值要求执行。

(5) 标准用语。

行调与司机：准＿＿＿＿次越过＿＿＿＿信号机红灯/灭灯/引导信号。

实训 2　跳停、排空

一、实训内容

(1) 电客车跳停的规定。

(2) 电客车跳停作业的标准流程。

二、实训要求

（一）电客车跳停的规定

（1）在行车工作中，如因车辆、设备故障、事故及客流突变等原因造成运行晚点或特殊原因时，准许电客车跳停，行调应及时通知司机和相关车站。

（2）《列车运行图》中没有规定跳停车站或无行调命令，司机不得驾驶电客车跳停。

（3）不影响后续列车正点运行或折返后能够正点始发的晚点列车，原则上不得跳停。

（4）末班车不得办理跳停作业。

（5）原则上不准两列及其以上客运列车在同一车站连续跳停。

（6）始发站原则上不准两列及其以上客运列车连续排空。

（7）组织 CTC 列车跳停时，原则上应使用信号系统提供的功能进行设置，司机凭车载推荐速度驾驶列车跳停。组织降级电客车或工程车跳停时，司机凭地面信号显示人工驾驶列车跳停

（二）电客车跳停作业的标准流程

1. 条件确认

（1）行调。

① 行调双人确认，并得到值班调度长批准。行调向司机、相关车站发布跳停命令。

② 优先通过设置跳停图标或跳停目的地码来实现，确认跳停图标正确。降级列车组织司机人工驾驶列车跳停。

（2）电客车司机。

非图定跳停列车，接收行调跳停命令并正确复诵，明确驾驶模式、重新投入载客的车站。

（3）标准用语。

行调与司机、行值：准_____次_____站至_____站上/下行跳停，_____站上/下行投入载客。

2. 执行列车跳停

（1）行调。

提前排列进路，监控行车间隔，提醒司机如果停车不开车门。

（2）电客车司机。

① 提前两站做好跳停广播，通过跳停车站时加强瞭望。

② 司机应在进站前 200 m 确认跳停图标、推荐速度或出站信号机显示正确后再跳停。CTC 模式无跳停图标时，报行调并做好在站停车不开门的准备（NRM 模式跳停时限速 40 km/h）。

项目训练

一、填空题

1. 停站列车越过_____，导致列车无法输出开门"门使能"信号，司机无法开门，称为"列车冲标"。
2. 小交路分为_____折返、间隔小交路折返两种。
3. 组织CTC列车跳停时，原则上应使用_____提供的功能进行设置。

二、选择题

1. 在（　　）及以上的下坡道推进运行时，禁止在该坡道上停车作业，并注意列车的运行安全。

  A. 15‰   B. 20‰   C. 25‰   D. 30‰

2. 列车冲标后，如需退行，牵引退行速度不应超过（　　）。

  A. 5 km/h   B. 25 km/h   C. 35 km/h   D. 40 km/h

3. 使用手信号，展开黄色信号旗高举在头上左右摇动表示为（　　）。

  A. 好了信号   B. 引导信号   C. 减速信号   D. 通过手信号

三、判断题

1. 列车冲标3个车门以下时，司机汇报行调后，根据冲标距离自行选择驾驶模式后退对标，并及时对车厢广播安抚乘客。（　　）
2. 《列车运行图》中没有规定跳停车站，司机不得驾驶电客车跳停。（　　）
3. 电客车推进运行，必须得到行调的调度命令，应有引导员在客车头部引导。（　　）

四、简答题

1. 简述电客车推进运行规定。
2. 简述电客车冲标3个车门及以上时的处理措施。

部分参考答案

项目一

项目训练

一、填空题

1. 股道 2. 运营分公司人教部 3. 列车运行图

二、选择题

1. C 2. A 3. A

三、判断题

1. 错 2. 对 3. 错

四、简答题

1. 班组级安全教育的内容应包括遵章守纪、岗位安全操作规程、岗位间工作衔接配合的注意事项、典型事故案例、劳动防护用品的性能及正确使用方法等内容。

2. 乘客们,车厢内发生火情,请您保持镇定,取出座位底下的灭火器扑灭火源,请勿触动列车上的其他设备,工作人员将马上到现场处理。

项目二

项目训练

一、填空题

1. 行车预想 2. 操作程序 3. 一天

二、选择题

1. A 2. B 3. B

三、判断题

1. 对　2. 错　3. 错

四、简答题

1.（1）人员动态不清、作业计划不明不接；（2）司机铭牌与实际情况不符不接；（3）交接事项内容登记不全、不清楚不接；（4）备品数量、状态实际与记录不符或未进行登记不接。

2.（1）司机着装及仪表仪容符合要求；（2）司机精神状态符合出勤条件（测酒仪测酒符合要求，精神状态通过观察、交流等方式获得）；（3）检查司机携带行车备品齐全且作用良好；（4）核对《司机日志》上抄录的行车注意事项、股道车号等信息正确。

项目三

项目训练

一、填空题

1. B　2. 90　3. Mp　4. 快制　5. 架控

二、选择题

1. B　2. D　3. A　4. C　5. A

三、判断题

1. 错　2. 错　3. 对　4. 错　5. 对

四、简答题

1. 车辆由车体、转向架、牵引与电制动、辅助电源、空气制动系统及风源系统、空调、列车自动控制、列车控制与诊断系统、车载通信和乘客信息系统、照明等组成。

2.（1）Tc 车条件：有 DC 110V 紧急供电电压可用；受电弓回路断路器（PANTCB）没有脱扣；当前司机室已选择；受电弓控制开关（PCS）打在升弓位；紧急制动蘑菇按钮（EMPB）没有操作；车间电源盖子没有打开（WOSR）。

（2）Mp 车条件：有 DC 110V 紧急供电电压可用；PTCB 没有脱扣；PANEBR 继电器得电，常开触点闭合。

3. TCMS 系统主要由 6 个部分组成：MVB 主干线、MVB 车辆总线、车辆控制单元、SKS 站、中继器、MMI。

4. 轨旁 CBTC 设备根据各列车的当前位置、运行方向、速度等要素，同时考虑列车运行进路、道岔状态、线路限制及其他障碍物的条件，向所管辖的列车发送"移动授权极限"，即向列车传送运行的距离、最高的运行速度，从而保证列车之间的安全间隔距离。

项目四

项目训练

一、填空题

1. 列车停放区 2. 道床 3. 复曲线 4. 状态 5. 水平

二、选择题

1. C 2. A 3. C 4. C 5. B

三、判断题

1. 对 2. 错 3. 错 4. 对 5. 错

四、简答题

1. 护轨与辙叉的配合有以下两方面的作用：一方面是控制车轮的运行方向，使之正常通过"有害空间"而不错入轮缘槽；另一方面是保护辙叉尖端不被轮缘冲击撞伤。

2. 车辆限界是根据车辆的轮廓尺寸，考虑其弹簧挠度、各项间隙、磨耗、误差等技术参数的影响，对车辆在运行中可能出现的最大横向和竖向的偏移进行分析计算确定的。

项目五

项目训练

一、填空题

1. 浅埋式 2. 岛式 3. AM

二、选择题

1. C 2. B 3. C

三、判断题

1. 对 2. 错 3. 错

四、简答题

1. 运营时刻表是用坐标原理表示列车运行状态的图解形式，它规定和包括了运用列车占用区间的时分、车站到发时分、终点站折返时分及其他列车运用的相关内容。它是列车从车场出回、在车站到发（或跳停）及折返时刻的集合。

2. 闭塞指列车进入某区域后，通过信号设备或人工控制使之与其他区域隔离，区域两端都不能向该区域发车，以防止列车相撞和追尾。通过闭塞使列车与列车相互间保持一定间隔，以保证列车安全运行的行车方法，称为行车闭塞法。

项目六

项目训练

一、填空题

1. 故障报警信息 2. 外部 3. 场调

二、选择题

1. C 2. D

三、判断题

1. 错 2. 对 3. 对

四、简答题

1.（1）找门，根据 MMI 现实，找到相应车门；（2）切门，确认该门已关闭，用方孔钥匙切除该车门；（3）确认，"门切除"红灯亮，MMI 显示已切除，继续运行。

2.（1）断合主控钥匙；（2）断合 CORCB 断路器、主控 MCCB 断路器；（3）无效则换端尝试激活司机室，若可激活，则在就近站清客，报行调，按令执行；（4）若无效则请求救援。

3.（1）断主控，切 ATP；（2）断合故障端 ATCCB、ATPCB、RCSCB、HMICB（间隔 10 s），恢复 ATP；（3）120 s 后，若两端灯位正常，且 HMI 屏无异常，重启成功；若重启不成功，报行调按令以 NRM 模式运行；（4）重启成功后，运行一站一区间，升级 ITC/CTC 后报行调继续运行，未升级报行调按令以 NRM 模式运行。

项目七

项目训练

一、填空题

1. 钉钉 2. 3 min 3. 道岔

二、选择题

1. C 2. B 3. D

三、判断题

1. 错 2. 对 3. 错

四、简答题

1. 应急预案是指针对可能发生的应急事件，为保证迅速、有序、有效地开展应急救援行动，控制、减轻和消除应急事件引起的危害，规范各类应对活动而预先定制的方案，包括总体应急预案、专项应急预案及现场处置方案。

2. (1) NRN模式驾驶时,严格执行"先上站台后开门"的规定,且按压开门按钮时间不得少于2 s。(2) 站台作业时,须手动开关屏蔽门,并认真确认双门开启情况,避免发生漏开、迟开屏蔽门事件。

项目八

项目训练

一、填空题

1. 停车标 2. 完全小交路 3. 信号系统

二、选择题

1. C 2. C 3. B

三、判断题

1. 对 2. 错 3. 对

四、简答题

1. (1) 电客车推进运行,必须得到行调的调度命令,应有引导员在客车头部引导;(2) 因天气影响,难以辨认信号时,禁止列车推进运行;(3) 在25‰及以上的下坡道推进运行时,禁止在该坡道上停车作业,并注意列车的运行安全。

2. 当越过停车标3个车门及以上时,司机报行调,按行调指示执行。如需退行,推进退行不应超过10 km/h,牵引退行速度不应超过35 km/h。如电客车不开门继续运行至前方站时,行调应通知前方站做好乘客服务、维持好站台秩序。同时,司机应及时对车厢广播以安抚乘客。

附录 A 正线呼唤确认用语

呼唤时机	呼唤用语	手比	备注
道岔防护信号	绿灯(ITC、IXL)灭灯(CTC)	√	按正常速度通过
	黄灯,注意限速(ITC、IXL)灭灯(CTC)	√	控制速度(低于 25 km/h)
	红灯停车(ITC、IXL)灭灯(CTC)	√	
列车接近道岔时	道岔好(正常情况下不需呼唤)	√	
	停车		道岔位置显示不正确时停车
距离开车 15 s 时	关门(ITC、IXL)关门(CTC)		按压关门按钮
车门关好时	车门关好 无夹人夹物,空隙安全	√	需确认安全门和车门之间空隙安全
进入司机室	门关好灯亮 信号好,有推荐速度	√	原则上必须在站台确认,如因光线等原因在站台无法确认时,可进入司机室内确认
列车接近站台时	进站注意		
列车接近站台中部时	对标停车	√	ATO 时注意 HMI 上目标速度为零,目标距离变红,控制速度,准备停车
列车停稳开门时	开左(右)门	√	若车门选择开关打至"MM"位时,或采用 SM 模式驾驶时,司机需执行"先上站台后开门"的作业标准
车门打开立岗时	车门打开	√	2 次手比确认
列车接近进(出)场信号机时	黄灯(ITC、IXL)灭灯(CTC)	√	
	红灯停车	√	列车必须在红灯前停车
两端终点站折返前	确认折返		图标出现黄色背景
列车折返换端两司机交接时	车况良好,运行正常,钥匙已关		由交班司机确认设备正常后向接班司机交班

241

附录 B　车场内呼唤确认用语

呼唤时机	呼唤用语	手比	备注
库门前	一度停车	√	列车必须在库门前/一度停车牌前/平交道口前停车
一度停车牌前			
平交道口前			
入库库门前	库门好	√	确认库门开启位置正确,无接地棒
列车接近道岔时	道岔好	√	
	停车		道岔位置显示不正确时,立即停车
列车接近调车信号机时	白灯	√	
	红灯停车	√	列车必须在红灯前停车
列车进入尽头线	尽头线注意		自进入该线起,控制好速度,准备停车

说明:
1. 手比方式为:左手握拳,食指中指并拢平伸,指尖须指向确认内容
2. 列车进出库停车规定:
(1) 入库列车进入 A 端停车时,须在 5 km/h 限速牌前、库门前分别停车 1 次
(2) A 端列车出库,动车前确认库门开启正常,动车至库门外平交道口前一度停车

附录 C 《司机报单》

No：000000001   日期：20____年____月____日

代码			出勤时间		派班员	
姓名			退勤时间		派班员	
职务			本班工时		公里数	
序号	车组号	车次号	始发站	时间	终点站	时间
1						
2						
3						
4						
5						
6						
7						
8						
9						
10						
11						

行车事件记录

附录 D 《行车事件单》

20＿＿年＿＿月＿＿日

车号		车次		司机姓名	
事件类别		掉线　　救援　　清客　　其他			
发生时间		发生地点		审核人	
事故（事件）概况					
事故（事件）处理情况					
部门负责人意见					

附录 E 《出勤登记簿》

序号	司机姓名	正点出勤时间	实际出勤时间	车次	车号	电台号	备注
1							
2							
3							
4							
5							
6							
7							
8							

附录 F 《退勤登记簿》

序号	司机姓名	退勤时间	车次	手台号	下个班 出勤时间	下一个班 交路号	备注
1							
2							
3							
4							
5							
6							
7							
8							

附录 G 《运用电客车状态卡》

车号		股道		日期		
检修调度：_____ 车场调度：_____ 备注：_____				年　月　日　时　分 年　月　日　时　分		
车辆段调度：_____ 出段车次：_____ 出段司机：_____				年　月　日　时　分 年　月　日　时　分 年　月　日　时　分		
是（并已记录）□　　否□ 入库车次：_____ 入库司机：_____ 车辆段调度：_____				时　分 时　分		
出库公里数				入库公里数		
故障记录	序号	时间	故障情况	采取措施	司机签字	

247

附录 H　故障及应急预案分类

（一）线网电客车车辆故障分类清单

序号	类别	故障项目	故障分类
1	车门故障	单侧车门无法打开(灯亮)	B 类
		单侧车门无法打开(灯不亮)	B 类
		单节车门夹伤故障	A 类
		整列车门夹伤故障	A 类
		单侧车门无法关闭	A 类
		部分车门显示异常(切门)	A 类
		车门实际关到位,门关好灯不亮	A 类
2	制动类故障	车辆紧制不缓	C 类
		停放制动故障	C 类
		整列常用制动故障	B 类
		空压机故障	B 类
		列车可以动车,但所有制动缓解指示灯不亮	A 类
		个别转向架常用制动不缓	A 类
		快速制动不缓	A 类
3	牵引类故障	推牵引无位移	C 类
		受电弓故障	B 类
		高速断路器故障	B 类
		牵引逆变器故障	B 类
4	辅逆类故障	辅助逆变器故障	B 类
		列车无故休眠后无法再次唤醒	B 类
5	网络故障	网络崩溃	C 类
		控制系统严重故障	C 类
		司机室显示屏黑屏、蓝屏、花屏、点击无效死机	B 类

续表

序号	类别	故障项目	故障分类
6	司控器类故障	开主控列车无法激活	B类
		司控器钥匙卡滞	A类

（二）线网电客车信号故障分类清单

序号	信号故障名称	故障分类
1	重启 ATP/ATC	A类
2	复位 ATP/ATC	A类
3	ATO 打叉	A类
4	经过转换轨不能升级 CTC	A类
5	信号屏出现紧急制动	A类
6	ATO 按钮失效	A类
7	ATO/AM 对标不准	A类
8	自动折返故障	B类
9	冗余失败,无激活端	B类
10	信号屏显示异常,黑屏、花屏、死屏	C类
11	无线打叉	C类
12	单次列车两次紧制,RAD 打叉	C类

（三）线网电客车司机岗位相关应急预案分类清单

序号	文件名称	预案级别	分类
1	客运营销中心电客车救援现场处置方案	三级	C类
2	客运营销中心电客车车门故障现场处置方案	三级	C类
3	客运营销中心火灾现场处置方案	三级	B类
4	客运营销中心人员(异物)侵限现场处置方案	三级	B类
5	客运营销中心列车挤岔、脱轨、冲突、倾覆、弓网故障、接触网大面积停电、隧道结构异常现场处置方案	三级	B类
6	客运营销中心车站乘客疏散现场处置方案	三级	B类
7	客运营销中心突发公共卫生事件现场处置方案	三级	B类
8	客运营销中心站台门故障现场处置方案	三级	B类
9	客运营销中心公共安全事件现场处置方案	三级	A类

续表

序号	文件名称	预案级别	分类
10	客运营销中心车站大面积停电现场处置方案	三级	A类
11	客运营销中心车站突发大客流现场处置方案	三级	A类
12	客运营销中心防淹门报警现场处置方案	三级	A类
13	客运营销中心区间乘客疏散现场处置方案	三级	A类
14	客运营销中心通号设备故障现场处置方案	三级	A类
15	客运营销中心自然灾害现场处置方案	三级	A类

附录 I 部分专业术语对照表

ABCU	Air Brake Control Unit 空气制动单元	
AC	Alternating Current 交流电	
ACS	Access Control System 门禁系统	
AFC	Automatic Fare Collection system 自动售检票系统	
ALM	Alarm system 通信集中告警系统	
AM	Automatic Mode 自动列车运行模式	
AP	Access Point 无线接入点	
ATC	Automatic Train Control 列车自动控制	
ATO	Automatic Train Operation 列车自动驾驶	
ATP	Automatic Train Protection 列车自动防护	
ATR	Automatic Train Regulation 列车自动调整	
ATS	Automatic Train Supervision 列车自动监控	
BAS	Building Automatic System 环境与设备自动监控系统	
CAM	Creep Automatic Mode 蠕动模式	
CATS	Communication and Tracking System 应用服务器	
CBI	Computer Based Interlocking 计算机联锁	
CBTC	Communication Based on Train Control system 基于通信的列车控制系统	
CCTV	Closed Circuit Television 闭路电视监视器	
CISCS	Central Integrated Supervision Control System 中央综合监控系统	
CLK	Closed Loop Controller 时钟系统	
CTC	Continuous Train Control 连续式列车控制	
DC	Direct Current 直流电	
DISCS	Depot Integrated Supervision Control System 场段综合监控系统	
DTO	Driverless Train Operation 有人值守的无人自动驾驶	
DTRO	Driverless Train Reversal Operation 有人值守的无人自动折返驾驶	
EMP	Emergency Stop Plunger 紧急停车按钮	

续表

FAM	Fully-Automatic Train Operating Mode 全自动运行模式	
FAS	Fire Alarm System 火灾报警系统	
FG	Flood Gate 防淹门	
FRM	Remote Restricted Train Operating Mode 远程限制运行模式	
GW	Grounded Water Temperature Monitoring System 感温光纤系统	
HMI	Human Machine Interface 人机界面/车载信号屏	
HSOB	High Speed Operation Breaker 高速断路器	
IBP	Integrated Backup Panel 综合后备盘	
ISCS	Integrated Supervision Control System 综合监控系统	
ITC	Intermittent Train Control 点式列车控制	
LCB	Local Control Box 就地控制盒	
LEU	Lineside Electronic Unit 地面电子单元	
LHMI	Local Human Machine Interface 本地人机操作界面	
LOW	Local Operator Workstation 本地操作工作站	
M	Motor Car 不带受电弓的动车	
MMI	Man-Machine Interface 人机界面/司机显示器	
Mp	Motor Car With Pantograph 带受电弓的动车	
NCC	Network Control Center 轨道交通线网指挥中心	
NRM	Non Restrictricted Train Operation Mode 非限制人工驾驶模式	
OBCU	On-Board Control Unit 车载控制单元	
OCC	Operation Control Center 运营控制中心	
ODBP	Operation Door Button in Platform 站台操作车门按钮	
PA	Public Address System 广播系统	
PDI	Platform Departure Indicator 站台发车指示器	
PIS	Passenger Information System 乘客信息系统	
PSCADA	Power Supervision Control And Data Acquisition 电力监控系统	
PSC	Programable System Controller 中央控制盘	
PSD	Platform Screen Door 站台门	
PSL	Platform Side Lettering Control Panel 端头控制盘	
RAUZ	Run Authorization Zone 运行授权区域	
RM	Restricted Manual Driving Mode 限速性人工驾驶模式	
SICAS	西门子信号系统	

续表

SIG	Signal System 信号系统	
SISCS	Station Integrated Supervision Control System 车站综合监控系统	
SM	Supervised Manual Mode 列车运行监督模式	
SPKS	Selective Protection of Key Sections 信号封锁	
SPKS	Staff Protection Key Switch 人员防护开关	
T	Trailer 无司机室拖车	
Tc	Trailer Car 带司机室拖车	
TCMS	Train Control Management System 列车控制管理系统	
TGI	Train Graph Indication 列车运行图	
TMM	Train Movement Monitoring 列车运行监视	
TMS	Training Management System 培训管理系统	
Trainguard MT	Siemens Moving Block based ATC System 西门子基于移动闭塞的 ATC 系统	
TSR	Temporary Speed Restriction 临时限速	
UTO	Unattended Train Operation 无人值守的全自动运行	
VCU	Vehicle Control Unit 车辆控制单元	
400 M/800M	400/800 MHz 无线手持台	